# O LIVRO
# DA LIBERDADE

CB055470

Rodrigo Goecks Santos

# O LIVRO DA LIBERDADE

ALTA BOOKS
GRUPO EDITORIAL
Rio de Janeiro, 2023

## O Livro da Liberdade

Copyright © 2023 da Starlin Alta Editora e Consultoria Eireli.
ISBN: 978-85-508-1897-9

Impresso no Brasil — 1ª Edição, 2023 — Edição revisada conforme o Acordo Ortográfico da Língua Portuguesa de 2009.

Todos os direitos estão reservados e protegidos por Lei. Nenhuma parte deste livro, sem autorização prévia por escrito da editora, poderá ser reproduzida ou transmitida. A violação dos Direitos Autorais é crime estabelecido na Lei nº 9.610/98 e com punição de acordo com o artigo 184 do Código Penal.

A editora não se responsabiliza pelo conteúdo da obra, formulada exclusivamente pelo(s) autor(es).

**Marcas Registradas:** Todos os termos mencionados e reconhecidos como Marca Registrada e/ou Comercial são de responsabilidade de seus proprietários. A editora informa não estar associada a nenhum produto e/ou fornecedor apresentado no livro.

**Erratas e arquivos de apoio:** No site da editora relatamos, com a devida correção, qualquer erro encontrado em nossos livros, bem como disponibilizamos arquivos de apoio se aplicáveis à obra em questão.

Acesse o site www.altabooks.com.br e procure pelo título do livro desejado para ter acesso às erratas, aos arquivos de apoio e/ou a outros conteúdos aplicáveis à obra.

**Suporte Técnico:** A obra é comercializada na forma em que está, sem direito a suporte técnico ou orientação pessoal/exclusiva ao leitor.

A editora não se responsabiliza pela manutenção, atualização e idioma dos sites referidos pelos autores nesta obra.

---

Dados Internacionais de Catalogação na Publicação (CIP) de acordo com ISBD

G593l  Goecks, Rodrigo
O Livro da Liberdade: Uma história.... Um empreendedor..... Uma jornada de autodireção.... / Rodrigo Goecks. - Rio de Janeiro : Alta Books, 2023.
224 p. ; 16cm x 23cm.

Inclui índice.
ISBN: 978-85-508-1897-9

1. Autoajuda. 2. Empreendedorismo. 3. Autodireção. I. Título.

CDD 158.1
2022-2815                              CDU 159.947

Elaborado por Odilio Hilario Moreira Junior - CRB-8/9949

Índice para catálogo sistemático:
1. Autoajuda 158.1
2. Autoajuda 159.947

---

**Atuaram na edição desta obra:**

| | |
|---|---|
| **Produção Editorial** | **Coordenação Comercial** |
| Grupo Editorial Alta Books | Thiago Biaggi |
| **Diretor Editorial** | **Coordenação de Eventos** |
| Anderson Vieira | Viviane Paiva |
| anderson.vieira@altabooks.com.br | comercial@altabooks.com.br |
| **Editor** | **Coordenação ADM/Finc.** |
| José Ruggeri | Solange Souza |
| j.ruggeri@altabooks.com.br | |
| **Gerência Comercial** | **Coordenação Logística** |
| Claudio Lima | Waldir Rodrigues |
| claudio@altabooks.com.br | |
| **Gerência Marketing** | **Gestão de Pessoas** |
| Andréa Guatiello | Jairo Araújo |
| andrea@altabooks.com.br | |
| | **Direitos Autorais** |
| | Raquel Porto |
| | rights@altabooks.com.br |

**Produtor Editorial**
Thales Silva

**Produtores Editoriais**
Illysabelle Trajano
Maria de Lourdes Borges
Paulo Gomes
Thiê Alves

**Equipe Comercial**
Adenir Gomes
Ana Carolina Marinho
Ana Claudia Lima
Daiana Costa
Everson Sete
Kaique Luiz
Luana Santos
Maira Conceição
Natasha Sales

**Equipe Editorial**
Ana Clara Tambasco
Andreza Moraes
Arthur Candreva
Beatriz de Assis
Beatriz Frohe
Betânia Santos
Brenda Rodrigues
Caroline David
Erick Brandão
Elton Manhães
Fernanda Teixeira
Gabriela Paiva
Henrique Waldez
Karolayne Alves
Kelry Oliveira
Lorrahn Candido
Luana Maura
Marcelli Ferreira
Mariana Portugal
Matheus Mello
Milena Soares
Patricia Silvestre
Viviane Corrêa
Yasmin Sayonara

**Marketing Editorial**
Amanda Mucci
Guilherme Nunes
Livia Carvalho
Pedro Guimarães
Thiago Brito

---

**Revisão Gramatical**
Leandro Menegaz
Thamiris Leiroza

**Ilustrações**
Malu Nakid

**Diagramação | Layout**
Joyce Matos

**Capa**
Marcelli Ferreira

Editora afiliada à:    ASSOCIADO

ALTA BOOKS
GRUPO EDITORIAL

Rua Viúva Cláudio, 291 – Bairro Industrial do Jacaré
CEP: 20.970-031 – Rio de Janeiro (RJ)
Tels.: (21) 3278-8069 / 3278-8419
www.altabooks.com.br — altabooks@altabooks.com.br
**Ouvidoria:** ouvidoria@altabooks.com.br

*Uma história…*
*Um empreendedor…*
*Uma jornada de autodireção…*

RODRIGO GOECKS SANTOS

*A busca pela liberdade
é um impulso essencial
da existência humana.*

*"Penso que não cegamos,
penso que somos cegos,
Cegos que veem.
Cegos que, vendo, não veem."
José Saramago*

Aos jardineiros da evolução,
Gudrun e Daniel Burkhard.

# Prefácio

Não sei se é possível colocar os sentimentos humanos numa ordem, tenha ela qual critério for. Os sentimentos positivos humanos, para mim, estão todos num mesmo nível. Contudo, acredito que o sentimento de Liberdade, se existisse tal ordem, estaria entre os primeiros. Muito já foi dito, muito já foi escrito, muitos já sofreram e muitos morreram por fazer valer esse "conceito-sentimento" tão prezado na vida humana.

Rodrigo Goecks Santos traz, neste livro, a partir da sua vivência e da pesquisa empírica que realizou, o instigante tema da liberdade numa narrativa alegórica, simples e profunda, colocando-a num contexto corporativo que se mistura com a sua própria experiência pessoal e profissional. Ele consegue uma narrativa que se aproxima de um romance, em que, com muita habilidade, traz para o leitor um dos temas mais instigantes e desafiadores de todos os tempos: a Liberdade.

Com sua verve carioca, ele cria personagens, ambientes e situações profissionais e familiares que nos aproxima de diversos conceitos antroposóficos, tudo de forma simples e profunda.

E isso, por si só, já faz valer a pena ler este livro!

Conheci o Rodrigo há quase 30 anos. Na época, um jovem curioso, perspicaz, sensível e atento às novidades. Ele acabara de ler um livro meu sobre a metáfora da célula humana como um modelo humanístico de gestão das organizações e havia perguntas sobre o conteúdo. Queria saber o que "estava por trás" do que ele tinha lido. Veio do Rio de Janeiro para São Paulo especialmente para uma longa conversa, em que lhe falei da antroposofia como referencial básico na atuação profissional enquanto consultor de desenvolvimento organizacional. Senti na hora que algo o tinha tocado. Após esse contato, nossos destinos se separaram por um longo tempo e ele desenvolveu uma carreira profissional exitosa como executivo e depois como empreendedor.

Quis o destino que nos reencontrássemos muito tempo depois e ele, como característica da sua essência, tinha novas e genuínas perguntas. Em um novo contexto pessoal e profissional, convidei-o para ser sócio da ADIGO.

A partir dessa reconexão, Rodrigo desenvolveu um genuíno interesse em se aprofundar, sempre buscando aprimorar o saber através do entendimento do que está "por trás" dos fenômenos humanos, organizacionais e sociais. O seu livro é um exemplo disso.

Jair Moggi

# Noventa dias depois...

Cheguei na casa de meus avós e fui recebido com um longo e melancólico abraço. Os braços de minha avó procuravam afagar o presente, pois seus olhos olhavam para trás e a saudade do velho companheiro explodia em seu peito. O escritório do avô ainda estava intacto. Era um templo. Minha querida avó em nada tinha tocado desde a morte do marido há longos noventa dias e noites. A cadeira de balanço, ao lado da escrivaninha, repousava no mesmo lugar. Uma meia-luz despistava as cortinas e entrava levemente, revelando a aconchegante estante de madeira. Os livros continuavam arrumados em ordem alfabética: Aristóteles era o primeiro e Xenofonte — O Comandante da Cavalaria, o último. Meu avô, um apaixonado pela Grécia, deleitava-se com a mitologia, filósofos e símbolos gregos. Com um destes livros na mão, costumava dizer: aqui podemos encontrar a verdadeira essência do ser humano.

Fechei os olhos, pude ouvir sua serena voz recitando os textos de Tales de Mileto. Uma suave brisa trouxe o perfume de sua loção pós-barba, algumas lágrimas surgiram e uma paz se instalou em mim. Sorri.

Ouvi a porta se abrir, lentamente. A avó parou na entrada, como se quisesse evitar invadir, dali não passaria, em reverência àquele momento. Esticou os braços e entregou-me uma chave.

— Seu avô deixou isso para você, meu querido — sussurrou. Com certeza sabe o que fazer — completou com um olhar mareado na face e saiu.

Aquela chave, eu conhecia. Até a minha adolescência, para os presentes que o avô Estevão queria me dar, usava um baú azul com mandalas cor de vinho. O ritual de abri-lo e descobrir o que havia dentro era a parte mais entusiasmante; muitas vezes, melhor do que o próprio presente.

— Acho que há algo de novo no baú mágico. Tome a chave e vá descobrir — dizia o avô repleto de contentamento.

Imerso nas memórias, abri os olhos. Quase no final da estante, o baú azul chamou-me a atenção. Bem encaixado, situava-se após uma longa coleção de títulos de Rudolf Steiner. Senti o mesmo frio na barriga de quando, ainda menino, saía correndo para descobrir seu conteúdo.

Com a chave na mão, a fiz alcançar a fechadura; e mesmo com o peito batendo ligeiro, agi vagarosamente. O que será que havia ali?

Abri. O baú revelou-me um livro com um aspecto diferente. Retirei-o. Sua capa era feita de papel pardo grosso e as folhas sem pauta escritas à mão mantinham-se coesas por uma delicada costura de sisal. Os livros daquela estante, em sua maioria, eram bons amigos meus, mas aquele eu jamais havia visto. Logo à frente, em letras harmonicamente desenhadas, lia-se: **O Livro da Liberdade**, para Tobias, meu neto.

# Sumário

Capítulo I: O Livro da Liberdade     1

Capítulo II: Os dragões     9

Capítulo III: A liberdade     17

Capítulo IV: O dragão do ego     29

Capítulo V: O dragão da vida exterior     45

Capítulo VI: O dragão das crenças, padrões e hábitos     67

Capítulo VII: O dragão das respostas     89

Capítulo VIII: O dragão da simpatia e da antipatia     111

Capítulo IX: O dragão da inércia     137

Capítulo X: O dragão da tecnologia     151

Capítulo XI: O pensar com o coração e o sentir com a razão     171

A origem deste impulso e agradecimentos     197

Índice     201

## CAPÍTULO I

# O Livro da Liberdade

Querido neto, fico feliz que tenha encontrado este livro. Ele é seu!

Lembra-se de quanto tempo passávamos juntos montando quebra-cabeças gigantes? Com uns dez anos de idade, você não queria interromper a brincadeira para comer ou dormir. Passávamos horas separando as peças por cor, experimentando, errando e acertando. Em um daqueles dias, seu cachorrinho passou por cima e desfez mais de quatro mil pecinhas já montadas. Você chorou, pestanejou, mas logo depois se recompôs. Juntou as peças espalhadas por todo o chão e recomeçou. Como diria Aristóteles, "*A esperança é o sonho do homem acordado*".

Ao final da lida, com todo aquele quebra-cabeças ordenado, seu sorriso era a melhor das recompensas.

**O Livro da Liberdade** é o seu presente. Nele reuni peças de um novo quebra-cabeças, bem diferente e talvez mais instigante dos que costumávamos montar. Você poderá compor e descobrir imagens essenciais. Aliás, algumas vezes se configurará mais como um mosaico, em que será necessário retirar algum fragmento para inserir outros. Você deve estar se perguntando: por que um livro da liberdade? Então eu lhe pergunto: a liberdade é algo importante para você? O quão somos realmente livres? Bem, antes preciso lhe contar uma antiga estória sobre dragões, que certa vez escutei de uma amiga. Ela a viu ilustrada em um grande tríptico eslavo, um quadro composto de três partes contínuas.

A primeira parte do tríptico revelava a imagem de um aterrorizante dragão acometendo uma pequena aldeia. A cada mudança de estação, após o crepúsculo, o dragão adentrava à aldeia, enfrentava seus moradores e raptava uma virgem para se alimentar. Os aldeões, após diversas batalhas perdidas contra o inimigo, lamuriavam-se sem esperanças. Já haviam contratado valentes e famosos dragoeiros que, sem sucesso, tinham fracassado no esforço de eliminar o dragão. Certo dia, chegou aos ouvidos dos moradores que havia um sábio dragoeiro chamado Miguel. Segundo investigações, esse era o mais talentoso dragoeiro de todos os tempos e ele, somente ele, era capaz de resolver o problema da desafortunada aldeota.

A cena do segundo quadro ilustra o dragoeiro Miguel próximo à entrada de uma caverna, pousado em uma pedra, rodeado por uma densa vegetação, a dialogar com o dragão. Após chegar na aldeia, todos os dias, ao raiar do sol, o dragoeiro caminhava até a porta da caverna e, despido de qualquer armamento, empenhava-se em conversar com o malfeitor. Os aldeões, inconformados, não entendiam o que ali se apresentava. Esperavam ver Miguel armado até os dentes a enfrentar com sucesso o seu oponente. Contudo, desenganados e sem mais opções, aguardaram por semanas o desenrolar daquela estranha circunstância. Nas primeiras semanas, o dragão arredio e desconfiado, não saía de sua caverna para ter-se com o dragoeiro. Porém, o perseverante Miguel permaneceu em sua sina até que o dragão começou a dialogar. As conversas foram se desenvolvendo quando, depois de vários nasceres de sol, o dragão começou a confiar naquele homem.

Miguel, então, convidou o dragão: *"Venha comigo conhecer a aldeia à luz do dia. Assim terá um novo olhar sobre o que lhe parece assustador durante a noite, e que te faz atacar as virgens."* O dragão, que já considerava o dragoeiro um amigo, concordou. Esta é a terceira cena do tríptico. Nela, vemos o dragão na aldeia à luz do dia, ao lado de Miguel, conversando com os aldeões, frente a frente, sem confronto. Desde então, o dragão foi integrado àquela comunidade e passou a morar lá, protegendo seus moradores e se alimentando da caça que fazia na floresta em conjunto com os aldeões.

## Com o livro na mão

Levantei os olhos do livro.

Em pé, na frente daquela estante, uma nova e incrível face de meu avô se revelava. Além de tudo que me ensinou, aliás, como diria, me ensinou a aprender, o avô Estevão deixara um livro para que eu me alimentasse, agora na sua ausência.

Aos noventa e nove anos, faltando quinze dias para chegar aos cem, ele simplesmente sorriu, fechou os olhos e se foi em uma das cenas mais belas e impressionantes que já vi. Esperou que todos chegassem ao quarto daquele hospital em Botafogo, inclusive os que vinham de São Paulo, e, com todos os netos, filhos e noras ao lado, finalizou seu intenso ciclo de vida de quase um século.

O amado Estevão era um educador. Apesar de um início difícil e pobre, construiu um grande e admirado grupo educacional com escolas e faculdades. Era comum, ao passear com ele no calçadão de Ipanema, ver as pessoas interrompendo uma corrida ou caminhada para sorrir e exclamar: Professor!

Tinha um estilo muito particular: ora ele nos mantinha muito próximos, ora ele se distanciava e mergulhava em seu interior. Percebo que com isso conseguia ver o mundo de uma forma diferente, plena. Sabia amarrar a razão com a intuição. "*Olhos fechados me ajudam a ver melhor*", dizia Estevão quando eu, ainda garoto, interrompia algum de seus íntimos momentos.

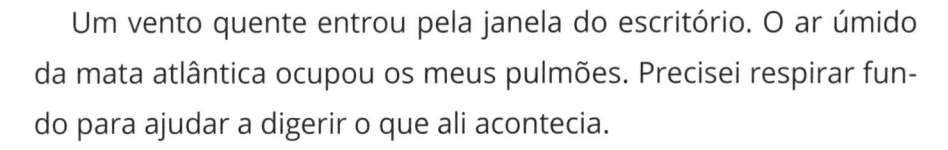

Um vento quente entrou pela janela do escritório. O ar úmido da mata atlântica ocupou os meus pulmões. Precisei respirar fundo para ajudar a digerir o que ali acontecia.

Estevão foi muito mais do que um avô de visitas de obrigação, aquelas em que a pressa de ir embora faz o relógio atrasar e a eternidade se dá em cada minuto percorrido. As visitas em sua casa eram frequentes e alongadas pela prosa, afetos e gostosuras da vovó. Naquele tempo, a avó não olhava para trás, procurando despistar uma saudade. Seus olhos eram intensos e presentes. Sublimes momentos com aquele casal de velhinhos. Agora, sem seu companheiro ao lado, a luz de outrora se esvaía. Como em uma vela que vai ficando ao cotoco, cuja própria chama se consome, sem lume, enfraquecida, esparramada em si. Antes, eram como Lua e Sol, Vênus e Marte, goiabada e queijo.

Pura inspiração, suas palavras encaixavam nas situações como chave na fechadura, mas aquele livro havia ultrapassado qualquer expectativa. Meu avô havia se superado e me deixado, além de surpreso, repleto de dúvidas e curiosidades. Quais eram seus objetivos ao fazer isso? Do que se trata **O Livro da Liberdade**? Que estória é essa de dragão? Atônito, fechei o livro. Retirei-me açodadamente e pouco me lembro de ter-me despedido da avó.

Eram oito horas da manhã e em trinta minutos eu teria uma importante reunião na empresa. Havia três anos que decidira empreender ao criar uma marca de calçados. A marca cresceu rapidamente e o negócio exigiu grandes somas de capital para continuar expandindo. Foi aí que os tropeços se iniciaram. Um sócio investidor entrou no negócio e o convívio com ele se abeirava do abominoso. Ao aproximar-me do escritório, um frio na barriga começava a incomodar. O prazer de trabalhar esvaía-se, os sonhos davam lugar à obrigação, padecia-me ir ao trabalho.

A verdade era que, com a entrada dele, eu não me sentia mais dono. Transformei-me em um empregado de luxo, tudo era questionado. Na intenção de mostrar poder, tudo por ele era intrometido. Sufocado pelo convívio, a vontade que emergia era de desaparecer.

Saí do táxi, na porta do edifício comercial, e, ao entrar no elevador, encontrei a gerente de marketing.

— Bom dia, está tudo bem com você, Tobias? O seu rosto está pálido!

— Tudo bem, querida. Apenas acordei um pouco indisposto, mas vai passar.

— Queria lhe informar que ontem fechei contrato com uma nova influenciadora digital, uma das que o Juarez indicou. Não tínhamos orçamento para novos contratos, mas ele me deu mais verba.

— Parabéns, Bruma. Falamos depois.

O frio na barriga já tinha se expandido para todo o corpo. O sócio Juarez se intrometia em todas as atividades. Nunca vira investidor que dá expediente, indo trabalhar todos os dias no escritório, participando de reuniões com todas as áreas. Ele estava se posicionando como presidente da empresa, decidindo sem ao menos me envolver. Sinceramente, sentia-me um peixe fora d'água.

— Bom dia a todos — falei ao chegar um minuto antes da hora marcada.

A sala encontrava-se cheia, com toda a diretoria reunida. Eu havia convocado uma reunião de alinhamento de metas para o mês seguinte e, como já era de se esperar, na cabeceira da mesa sentava-se o imperador, digo, o investidor. A reunião começou e seu rumo parecia se dar sem anormalidades, mas era como se eu não estivesse ali. Meus pensamentos viajavam por outros lugares, apenas meu corpo jazia naquela sala. Silenciosamente, dizia a mim mesmo o quanto me sentia preso, como em um aquário, delimitado por aquelas paredes de vidro cuja transparência não abreviava o sufocamento.

— Tobias, Tobias! Você está bem? — quase gritou a diretora comercial, dando-me um susto.

Eu não estava bem e também não estava ali, naquela sala. Assustado, reagi dando pistas da fragilidade:

— Estou bem, Nísia, apenas um pouco tonto. Por favor, toca a reunião para mim? Alinhem entre vocês e depois me comunique o que decidiram, pode ser?

Saí da sala de reunião e parti em direção à porta principal. Ao chegar no elevador percebi que **O Livro da Liberdade** não havia abandonado as minhas mãos desde que saíra da casa de minha avó.

Distante da empresa, vagava sem rumo pelas movimentadas calçadas de Ipanema. O cheiro de maresia me fez acordar. Ondas agitadas lançavam o aroma de sal até mim, a três quarteirões de distância da praia. Aceitei o convite do mar e caminhei em sua direção. Com os pés na areia, sentei-me aliviado.

# CAPÍTULO II

## Os dragões

Amado Tobias, vou continuar falando-lhe de dragões. Talvez você esteja se perguntando o porquê, mas em breve entenderá. O dragão é um dos primeiros mitos criados pela humanidade. Há cerca de quarenta mil anos antes de Cristo, na Austrália, aborígenes pré-históricos já faziam dragões em suas pinturas rupestres. Essas criaturas estão presentes na cultura dos mais diversos povos e civilizações. Normalmente eles são grandes, possuem características reptilianas e bem assustadoras, mas as estórias de dragões sempre trazem algum significado. O simbólico dragão chinês, por exemplo, representa a essência humana e a busca pela evolução espiritual. O dragão de São Jorge, muito presente na cultura brasileira, representa o mal que precisa ser destruído pelo santo guerreiro. Por trás de um mito há sempre uma vivência interior.

Outra imagem também frequente é a do conflito entre a águia e a serpente. A águia em um voo espiritual e a serpente ligada à terra. Esse conflito, quando experimentado por alguém, torna possível a fusão entre os dois, emergindo o esplêndido dragão, uma serpente com asas representando as qualidades físicas e espirituais reunidas em um só ser, viabilizando todas as potencialidades. Mais recentemente, ficaram famosos em todo o planeta, os dragões dos filmes de Harry Potter. Lembra-se do lema da escola medieval de Hogwarts? *"Draco Dormiens Nunquam Titillandus"* (*"Nunca faça cócegas em um dragão adormecido"*).

O dragão da estória que lhe contei era grande e assustador, os aldeões queriam matá-lo a qualquer custo, mas não foi a morte do dragão que salvou a aldeia. Por isso, querido Tobias, peço que reflita sobre uma questão essencial:

*O que o dragão representa para você?*

Qual foi o papel do sábio dragoeiro nessa estória que lhe contei?

# Na areia

Sentado na areia branca, vi que alguns barquinhos coloriam o horizonte. A água esverdeava a paisagem e, juntamente com o azul do céu, criavam um belo acabamento. Ainda assim, a paz daquele cenário não se fazia presente em meu interior. As palavras daquele livro geraram um maremoto mental e meu coração pulsava como uma sinfonia, febril tal qual à nona de Beethoven.

Percebi-me aprisionado. Ao lembrar da sala de reunião, senti seu significado: um aquário, sufocante aquário que impõe a saída açodada para respirar. Empresário bem-sucedido e preenchido de mim, pensava-me livre, dono das escolhas, senhor das ideias. Ledo engano, ingênuo de saber das amarras invisíveis. O quão livres realmente somos? Onde está a minha liberdade? Mais incômodos começaram a crescer dentro de mim, percebi-me com um dragoeiro acuado, desapercebido. Será o Juarez um dragão do mal que preciso aniquilar? Os anos de dedicação e esforço para construir a empresa seriam em vão? Agora que a marca ascendia e era reconhecida, eu me sentia algemado à minha própria criação. Quanta injustiça!

O respirar frenético alongava-se em conjunto com a ligeireza do piscar de olhos, e a ponta do nariz coçava insistentemente. Milhares de cenas se passaram em mim, como num filme em modo acelerado. Em segundos, pude ver o evento de lançamento da marca, as primeiras pessoas contratadas, a primeira vitrine, os desfiles. Tudo se passava como um grande recordar, quando o celular vibrou em meu bolso e me fez acordar daquela tempestade de pensamentos. Percebi que já havia passado das dez horas da manhã e que havia uma grande quantidade de mensagens aguardando resposta, além de algumas ligações não atendidas feitas pela Nísia.

Fechei os olhos, respirei o perfume do mar e deixei as emoções se organizarem paulatinamente. Mais calmo, retornei a ligação:

— Alô, Nísia, tudo bem? Há algum problema em que eu possa ajudar? — tentei transmitir uma serenidade que não existia.

— Oi, Tobias. Os resultados da empresa não estão bons, mas o maior problema agora não é com a empresa. Você é quem está com problemas. Vamos tomar um café? Onde você está? — disse, como se estivesse à frente de um batalhão do exército.

Com um sorriso no rosto, senti aquela ordem como um abraço e respondi carinhosamente:

— Claro, minha amiga. Nos encontramos no Mônica Café em quinze minutos, ok?

A Nísia me conhecia muito bem. Fomos colegas de trabalho no passado e, ao fundar a empresa, ela foi a primeira pessoa em quem pensei convidar para trabalhar. Seus olhos azuis brilham garra e seu jeito de general é pura superfície. Sua postura corporal transmite altivez, mas, por dentro, é uma amiga cuidadosa com poderosa empatia. Algumas vezes não era preciso palavras em nossas conversas. Simples olhares já se faziam suficientes. Fato que se tornou uma vantagem quando estávamos em uma mesa de negociação; nossa sintonia e comunicação não verbal se tornavam grandes aliados.

A vontade de encontrá-la serviu de alavanca. Levantei e procurei tirar o máximo possível da areia fina e branca que dominava a roupa. No entorno, vi crianças, jovens, adultos e idosos em plena

Os dragões

atividade: castelinhos de areia, frescobol, futevôlei, yoga. Uma linda cena praiana. O sol de outono irradiava um calor gostoso, sem a sua costumeira fúria de verão. As árvores estavam nuas e um tapete de folhas recheava suas raízes. O sorriso, que havia visitado o meu rosto, acentuou-se e trouxe-me uma certa paz.

Atravessei a Avenida Vieira Souto em direção ao charmoso Mônica Café, um espaço com um perfume do passado, cardápio rico em sabores e decorado com balanças e artefatos antigos. No fundo da loja estava a Nísia, sempre majestosa e impecável, como se tivesse saído de um salão nobre. Trocamos olhares e, sem palavras, recebi um forte e demorado abraço.

O silêncio nos acompanhou por algum tempo naquela pequena mesinha no fundo da cafeteria. Reflexivo, lembrei-me do costumeiro conselho de um antigo e querido chefe: aproveite a energia que reside no silêncio; não tenha medo dele. Deixei, então, o vazio de palavras cumprir seu papel enquanto ela apenas olhava carinhosamente para mim, quando, então, sussurrei:

— Está difícil.

— Tobias, meu amigo, o que está acontecendo com você? Tá na cara que você não suporta mais o Juarez, estou certa? — disse Nísia.

— Não consigo nem mais olhar pra cara dele. Tenho uma sensação de náusea quando estou próximo. Não sei o que fazer — desabafei.

— Entendo, você tem razões para se sentir assim. Mesmo depois desse monte de conversas que vocês tiveram, não mudou nada? — perguntou Nísia, já sabendo do histórico de tentativas desacertadas para melhorar a relação.

— Nada mudou, Nísia. Ele age como se eu não existisse, toma decisões sozinho que deveriam ser compartilhadas e que podem prejudicar a empresa. Ele não conhece desse negócio — esbravejei.

Nísia, com seu característico trejeito de nórdica condessa, tomou seu gole de café delicada e demoradamente, concluindo em seguida:

— Tobias, eu estou com você desde os primeiros passos dessa empresa. Sou fiel e o que decidir eu vou junto, mas preste atenção. Será que você está agindo da melhor forma? Se não é possível mudar o Juarez, é possível mudar a forma como você reage às atitudes dele. Quando você saiu da reunião e o deixou lá dando as ordens, qual foi a sua contribuição para melhorar a situação?

Minha xícara ainda estava intacta e o café frio me aguardava. Os olhos da Nísia revelavam genuína vontade em ajudar, mas suas palavras tiveram o impacto de um soco certeiro. Minhas certezas se derreteram como um sorvete ao sol quente.

— Atue com sabedoria, Tobias. Conte comigo! — desta forma, ela finalizou o assunto e iniciou uma agradável prosa sobre filhos e outros temas pessoais.

A conversa se estendeu até a hora do almoço e tornou aquele final de manhã um afago para as minhas perturbações, até que as demandas do trabalho nos chamaram de volta ao escritório da empresa.

## Os dragões

    O dia transcorreu sem maiores oscilações. Ao voltar para casa exausto e deparar-me com o filhote já dormindo em seu quarto, o corpo me pedia um banho quente e um mergulho direto na cama. Mas senti um impulso interior impossível de ignorar, precisava retomar a conversa com meu avô e, por isso, abri novamente O Livro da Liberdade.

## CAPÍTULO III

# A liberdade

*"Somos condenados a sermos livres"*
JEAN-PAUL SARTRE

AMADO TOBIAS, SENTADO E ESCREVENDO AQUI DA MINHA CADEIra de balanço, lembro-me de quando saí, ainda pequeno, do interior fluminense. Seus bisavós vieram para a cidade grande tentar trabalho e eu, ainda criança, deslumbrei-me ao chegar na capital do Brasil, que na época era o Rio de Janeiro.

A cidade, já no início do século XX, possuía avenidas e ruas largas, um novo porto e construções de grande beleza arquitetônica. Eu via as famílias passeando na antiga Avenida Central, desfrutando das belas construções e do comércio de luxo. A cena parecia-me saída de um livro, onde homens de chapéu e terno curto, mulheres com sombrinhas, lindos vestidos e forte maquiagem nos olhos desfilavam com seus filhos a céu aberto.

Se a Avenida Central descortinava um novo mundo para mim, ao final dela, o encantamento era ainda maior. Ali começava a Avenida Beira Mar. Ver um oceano pela primeira vez foi uma das sensações mais marcantes da minha vida.

Um dos primeiros trabalhos que consegui na cidade foi em um estabelecimento comercial na praia, graças ao Rio Paraíba do Sul, que me ensinou a nadar. Como na época o banho de mar era considerado perigoso, os estabelecimentos eram obrigados a ter um empregado para ir até o mar com as moças, segurando-as pela mão, para que elas pudessem mergulhar sem riscos.

Aprendi muito com o século XX. Vi duas grandes guerras mundiais e as revoluções russa, chinesa e cubana. Acompanhei a ida do homem à Lua e a invenção da World Wide Web. Entusiasmei-me com seres humanos incríveis, que conseguiram, com suas ideias e descobertas, abrir cabeças e corações: Carl Jung, Einstein, Marie Curie, Gandhi, Betinho, Gilberto Freire, Indira, Luther King, Steiner, Lievegoed, Rachel Carson e Fritjof Capra. Vi emergir uma arte transformadora através de Frida, Tarsila, Villa Lobos, Nise da Silveira, Hilma Klint, João Gilberto, Aretha Franklin, Annie Besant e Cecília Meireles.

O que somos hoje é a soma do que fomos com as possibilidades do que podemos vir a ser. Cada passo da nossa biografia, aliado às nossas intenções futuras, moldam como atuamos na vida prática.

## A liberdade

Por isso é muito saudável que a nossa forma de ver o mundo e opiniões mudem ao longo do tempo.

Todas essas vivências deram as mãos a um sonho e, aí, resolvi empreender. Como sabe, o Colégio Francisco de Assis começou em uma pequena sala comercial no centro da cidade, como um simples cursinho pré-vestibular. Eu, professor de química, me associei a quatro amigos, professores como eu, para iniciar o negócio. O primeiro ano foi a provação inaugural, formamos uma turma com apenas doze alunos, sendo seis deles bolsistas. O sucesso desses alunos no vestibular nos garantiu quatro turmas no ano seguinte e tudo ia bem, até que o negócio cresceu e as pequenas salas comerciais se tornaram um prédio com vinte salas e cinco sócios. Você pode imaginar o que é administrar cinco sócios? Éramos professores, não empresários de educação. Nada entendíamos de gestão ou de sociedade. Costumávamos dizer que nós nem sabíamos o que não sabíamos.

Naquele momento foi crucial entender que precisávamos mudar totalmente a forma como pensávamos, sentíamos e agíamos. Mudamos como sócios, gestores e, principalmente, como seres humanos. Se essa consciência não tivesse emergido entre nós, jamais teríamos chegado aos vinte mil alunos espalhados por quatro estados brasileiros. Foram inúmeros planos econômicos, inflações galopantes, dez mudanças de moeda e diversas crises econômicas. Se dependêssemos dos fatores externos, jamais teríamos chegado aonde chegamos. O que fez a diferença foram os fatores internos.

Como eu e cada um dos sócios enfrentamos nossas próprias limitações. Como entendemos e enfrentamos os nossos dragões.

Como você viu na estória da pequena aldeia, o dragoeiro não se armou até os dentes para libertar seus habitantes. O sábio Miguel se aproximou do dragão, conquistou sua confiança e procurou entender as razões dos seus impulsos. Ele não matou o dragão; ao contrário, o dragão passou a ser um protetor da aldeia, pois o dragoeiro percebeu que naquele animal residiam qualidades que poderiam ser úteis aos aldeões. Enfrentar dragões não significa necessariamente aniquilá-los, mas entendê-los e aprender a lidar com eles.

Ao longo de toda minha vida, seja como educador, empreendedor, pai, marido ou avô aprendi a enfrentar esses dragões. Olhando para o mundo como ele se apresenta, aos poucos percebi que há sete tipos diferentes e perigosos de dragões. Obstáculos que fazem parte do desafio humano e exigem ser entendidos para serem superados, independentemente do país ou da cultura em que se esteja. Sete espécies de desafios que podem se tornar monstruosos dragões em nosso caminho.

Querido Tobias, imagino que esteja curioso em saber algo sobre eles, mas peço a você a paciência e a determinação do sábio Miguel, pois iremos desvendar cada um deles no momento apropriado.

*Diante de tudo isso, há uma questão central que conecta tudo que estamos conversando até agora: a liberdade.*

## A liberdade

A busca pela liberdade é um impulso essencial da existência do ser humano. Só há desenvolvimento da individualidade quando há liberdade. É por isso que a força de transformação humana se alimenta desta busca, e esses dragões, que no tempo certo você irá conhecer, simbolizam o que cerceia, o que dificulta, o que, muitas vezes, impede o exercício da verdadeira liberdade.

O que faz uma pessoa ser livre? Será que é o fato de podermos ir e vir, de não estarmos em um presídio?

Fisicamente pode ser que sim, mas essencialmente não são grades e paredes que nos aprisionam. Você se lembra que desde pequeno eu lhe contava os feitos e pensamentos de Nelson Mandela e Mahatma Gandhi? Eles são exemplos muito fortes de pessoas que, mesmo confinadas, mantiveram-se livres no campo das ideias e ajudaram seus povos a se libertarem da exploração. Em contrapartida, como é comum vermos pessoas que podem transitar "livremente" para qualquer lugar, mas estão aprisionadas em suas mentes e corações. Não se permitem enxergar novos pontos de vista, porque estão cheias de verdades absolutas. Não se permitem iniciar algo novo ou mudar de uma vida que não estão felizes, porque estão engessadas a crenças, preconceitos e padrões. Não se permitem perdoar e seguir novos rumos, porque estão presas em sentimentos de rancor e raiva.

Podemos estar livres fisicamente e nos sentirmos presos. Podemos estar presos fisicamente e nos sentirmos livres. Então, onde nasce a liberdade?

A liberdade nasce em nossos pensamentos. Porque é em nosso pensar que deciframos o mundo e o captamos para dentro de nós. Proponho que você reflita sobre isso e exercite um despertar para o pensar livre, genuíno e sadio, capaz de vivenciar um processo de autodesenvolvimento para a liberdade.

Amado neto, perceba que o dragoeiro não repetiu a estratégia fadada ao fracasso de seus predecessores, nem cultivou o medo e o rancor dos assustados aldeões. Ao pensar por si mesmo, exerceu a liberdade de agir de uma forma inteiramente nova. É certo que correu riscos, mas a liberdade não é conquistada sem riscos.

A ideia-chave é que, como seres humanos, temos a capacidade de exercitar o pensar sobre o pensar. Aprender a aprender por meio de um processo que não é ensinado nos bancos escolares. Um pensar investigativo como um caminho prático e fundamental para conhecer a qualidade de nossos pensamentos e, consequentemente, entendermos como funcionamos para, assim, exercer a autodireção.

## *A liberdade anda de mãos dadas com a consciência.*

Tobias, o ser humano, em sua essência, nasce um aventureiro de si mesmo, mesmo quando nos deixamos levar pela correnteza; quando, vivendo o sufocante cotidiano, nos adaptamos aos padrões e preconceitos e quando aceitamos a ausência de autonomia e liberdade como algo natural. Até nessas horas, dentro de nós, adormece um buscador.

## Os sonhos

As últimas palavras daquele capítulo soaram como uma cantiga de ninar. Na cama, adormeci com o livro aberto em minhas mãos. Foram oito horas de um profundo e revigorador descanso. O sono foi povoado por inúmeras cenas e pessoas, que, ao acordar, não tive a capacidade de recordar. Uma última imagem ficou na memória, era a de uma criança se olhando no espelho. Os sonhos podem ser excelentes veículos de entendimento nas mais difíceis situações. Quando eu era pequeno e dormia na casa de meus avós, ao acordar, antes mesmo do bom dia, a primeira coisa que ouvia era: "Qual foi o sonho dessa noite, meu querido?" Naquela casa os sonhos transbordavam, era uma fábrica de aventura, de aconchego e, algumas vezes, de um medo danado. Ao acordar, esperava a clássica pergunta: "Qual foi o sonho dessa noite, meu querido?" Eu me empenhava para lembrar dos detalhes, dos lugares e dos acontecimentos. Descrevia a baleia que nadara comigo na piscina do clube, revelava a subida de bicicleta que me levara para conhecer as nuvens no céu e dos morcegos que se escondiam nas cortinas do quarto. Os ouvidos do velho Estevão ganhavam vida própria e me estimulavam a despejar cores, formas e imagens. As lembranças se misturavam à imaginação nos levando para uma viagem deliciosa e colorida. Ao final da excursão, meu avô ressaltava que muitas respostas da vida real podem vir destes companheiros das noites e cochichava em meus ouvidos:

— Quando seu coraçãozinho estiver apertado, antes de dormir, peça ajuda para os anjos.

Ainda deitado e imerso nas imagens matinais, a memória dos compromissos do dia me tomou de supetão e interrompeu as divagações. Ao sair da cama, percebi que a claridade estava intensa e já deixara a pista que seria um dia de forte calor.

No caminho para o trabalho, senti algo novo; era como se a mente e o coração estivessem mais leves, talvez limpos do excesso da ira e angústia pregressas. As imagens de O Livro da Liberdade a toda hora vinham ao meu encontro. Relembrei da leitura noturna como em uma retrospectiva: a chave para a liberdade está no pensar. Novas cenas tomaram minha mente. Evoquei alguns diálogos e desabafos vivenciados durante a última pandemia, quando o governo decretou a quarentena e repentinamente as pessoas abandonaram seus escritórios, passando a trabalhar em suas casas. A inusitada situação nos obrigou a interagir somente pelas ferramentas digitais. Foram meses de reuniões e conversas exclusivamente online. Alguns se prostraram em estado de medo, ansiedade e letargia. Largados em sofás, acompanhavam os gráficos das vítimas em tempo real e saíam de canal em canal interessados em ver as mesmas notícias, repetidamente. Era comum ouvir: sinto-me impotente, preso. No entanto, outros realizavam coisas incríveis. Iniciaram novos projetos, participaram de campanhas para comunidades carentes, criaram maior conexão com os filhos, repensaram o negócio da empresa ou acolheram os colaboradores da sua equipe de trabalho. Perceberam que realmente eram impotentes em relação ao avanço do vírus, porém estavam livres para realizar mais coisas do que poderiam imaginar.

Cheguei na empresa e percebi que a sensação de vazio no estômago não estava presente, mesmo vendo o Juarez rodando pelo escritório como se estivesse pastoreando suas ovelhinhas. As reflexões matinais despertadas pelo velho Estevão funcionaram como um elixir da esperança. Caminhei em direção ao Beco do Café, um lugarzinho aconchegante no canto esquerdo do andar, reservado às pausas e aos encontros informais. Saboreei um expresso, troquei sorrisos e alguns bons-dias; dirigi-me para a mesa de trabalho. Sobre a mesa, percebi um pequeno e delicado embrulho. Ao abrir, encontrei um bilhete e meu doce preferido: bombom de cupuaçu. No bilhete, um breve recado: "Voltei para São Paulo e deixei uma lembrancinha para adoçar a sua vida. Com carinho, Nísia."

Como sempre, na semana de reunião de diretoria, Nísia ficava um ou dois dias no Rio e voltava para sua terra natal. Sendo uma paulistana nata, não conseguia ficar muito longe do frenesi da megalópole e, além disso, precisava ficar perto dos maiores clientes, que estavam por lá. Com um aroma intenso e sabor exótico, o cupuaçu é uma das estrelas culinárias da Amazônia. Sua textura cremosa derreteu em minha boca e me deu a sensação de um encontro com os deuses. Nísia, querida como sempre, sabia agradar um amigo. Um carinhoso bilhete para abraçar a alma e um delicioso bombom para estimular os sentidos.

Chegando ao término daquele dia de trabalho, que foi intenso e produtivo, vi na agenda que o último compromisso era com o novo sócio. A reunião seria sobre um recente e-mail enviado por uma descolada rede de lojas de Los Angeles. Neste e-mail, o possível cliente mostrava interesse pela marca e pedia o agendamento de uma reunião. Eram dezoito horas e trinta minutos quando entrei na principal sala de reunião do escritório. Uma sala em formato piramidal, inspirada na entrada do maior museu de arte do planeta: o Louvre. Como na Praça Cour Napoléon, suas paredes de vidro localizavam-na bem no centro do andar ocupado pela empresa. A mudança do escritório para aquele local era recente, ocorreu logo após a entrada do Juarez como investidor. A transferência havia sido necessária, já que o espaço anterior não comportava o novo tamanho da empresa. Mesmo com o home office fazendo parte da nossa rotina, a equipe se convenceu da importância de termos um ambiente que estimulasse a presença física e as relações humanas. Entretanto, a ideia de uma sala de reunião piramidal era faraônica demais, um pouco exagerada. Mas não houve o que arredasse esse impulso do novo sócio.

— Boa tarde, Juarez. Como está? — cumprimentei meu dragão, logo ao entrar na sala.

— Tudo ótimo, Tobias. E aí, me conta dessa novidade.

— Pois é, ótimas notícias. Provavelmente esse pessoal de Los Angeles nos conheceu através das mídias sociais. Além disso, sabemos que há muitos brasileiros por lá. Seria um ótimo passo iniciarmos a internacionalização da marca em uma loja descolada e formadora de opinião como a deles, aproveitando para iniciar o e-commerce em todo o país. Você os conhece?

— Não conheço, mas levantei ótimas informações — afirmou Juarez com uma resposta habitual. Apesar de ainda ser um desconhecedor do mercado de calçados, ele sempre afirmava que havia levantado "ótimas informações".

— Que bom. Na verdade, estou bem surpreso com esse interesse. Eles possuem uma quantidade de marcas restritas e selecionadas, é muito difícil ser fornecedor destes caras. São milhares de marcas querendo vender lá, receber um e-mail assim é algo difícil de acontecer.

A reunião transcorreu normalmente, primeiro entre nós dois e, trinta minutos depois, com outras pessoas convidadas. Os primeiros passos da internacionalização da marca foram desenhados e saímos confiantes de que iniciaríamos uma nova fase na empresa.

Já eram oito e meia da noite, mas eu ainda estava com a cabeça a mil por hora. Desviei do caminho de casa e segui para casa de meus avós. Queria sentar-me na cadeira de balanço, admirar aquela estante de madeira e continuar a leitura do meu recente acompanhante diuturno, **O Livro da Liberdade**.

Já no quintal, era possível sentir o cheiro de café forte. Ao entrar, um beijo doce de avó me recebeu. Naquela casa, a entrada principal era a da cozinha; não me lembro de ter, algum dia, entrado pela porta social. A cozinha é o coração da casa: "É por lá que devemos entrar, primeiro pelo coração", repetia a avó todas as vezes que alguém questionava esse hábito.

A face dela estava desenganada, esbanjava melancolia. Seus olhos só sabiam olhar para trás, para um tempo que não existia mais. Após alguns goles de café, aos poucos, fui percebendo uma leve centelha de brilho em seu olhar. Suas mãos se aproximaram das minhas e o aperto foi como se quisesse expulsar toda a dor da viuvez. Senti em seus olhos o que procurava: atenção e afeto como um esteio, algo que lhe desse algum sentido para se manter viva. A viúva clamava por olhos que olhassem para frente, mas os seus não a obedeciam. Retribui o aperto nas mãos e, sem palavras, fizemos um pacto. Meu sorriso silencioso assentiu e acolheu o seu pedido. Como neto mais velho, assumia ali o papel de protegê-la e acolhê-la. Algum papo e parcos sorrisos se desenrolaram, quando ela pressentiu:

— Obrigada pela prosa, Tobias. Agora vá para o escritório do seu avô, sei que você precisa passar por lá.

O escritório continuava intacto e, como sempre, minha entrada era intuitivamente ritualística. Abri a porta devagar, um cheiro amadeirado entrou pelas narinas e, pé ante pé, adentrei suavemente enquanto os olhos percorriam todo o ambiente. Trezentos e sessenta graus de suave reconhecimento. Sentei-me na cadeira de balanço e abri, novamente, **O Livro da Liberdade**.

# CAPÍTULO IV

## O dragão do ego

*"Quem é que pode dizer que é livre em todas as suas ações?"*

RUDOLF STEINER

"*Tinham razão, mas estavam errados*", em uma das suas reflexões, o professor Cristovam Buarque lembrou em um artigo de jornal que durante séculos os navegantes tinham razões para evitar o oceano: eles não iam além-mar por causa dos limites da Terra plana. Eles tinham razão para não ir, mas estavam errados. Após o horizonte não havia uma grande queda d'água capaz de afundar todos os navios. Por mais que alguns poucos ainda pensem ao contrário, a Terra é redonda. A equivocada razão aprisionou e limitou os navegantes por séculos. O professor, ainda, complementou:

*"Enfrentamos nossos problemas sem perceber que as soluções propostas são baseadas em ilusões."*

Tobias, percebe como podemos ficar presos a imagens arraigadas em nós? Percebe a importância de pensar sobre a forma como pensamos e, consequentemente, libertarmos nossas conclusões? A qualidade das nossas decisões é diretamente impactada pela qualidade dos nossos pensamentos. No caso dos navegantes, a decisão de não avançar mar afora estava baseada em uma premissa errada. Pode parecer bizarro, mas situações como essa acontecem todos os dias e com todos nós. O nosso pensar está diuturnamente sofrendo interferências que influenciam nossas decisões.

Sendo assim, podemos nos considerar livres quando agimos presos em julgamentos e conceitos equivocados? É habitual tomarmos uma decisão sem entender completamente o que nos levou a ela. Isso nos traz uma falsa percepção de liberdade. Chega a ser ingenuidade, acharmos que somos livres sem questionarmos nossas imagens mentais. Observar o pensar, o que nos levou a determinada conclusão é, portanto, fundamental para a conquista da verdadeira liberdade individual, para um livre querer.

### *Você já reparou que enquanto pensamos não pensamos em como estamos pensando?*

Os conceitos, ideias e percepções são formados de forma corriqueira e nem sempre temos consciência do que acontece por trás.

# O dragão do ego

Certa vez vi uma linda escultura de um grande elefante com algumas pessoas tocando-o em partes diferentes. Ao tentar descobrir do que se tratava, aprendi que a escultura retratava uma antiga parábola indiana, chamada Os Cegos e o Elefante. A parábola conta que um grupo de cegos ouviu dizer da existência de um animal estranho, chamado elefante. O animal havia sido trazido para a cidade, mas nenhum deles estava ciente de sua configuração e forma. Por curiosidade, eles disseram:

— Precisamos inspecionar e conhecê-lo pelo toque.

Então os cegos o procuraram e, quando o encontraram, tentaram tateá-lo. No caso da primeira pessoa, cuja mão pousou na tromba, disse:

— Este ser é como uma cobra grossa.

Para outro, cuja mão chegou à orelha, parecia uma espécie de leque. Quanto a outra pessoa, cuja mão estava sobre a perna, disse:

— O elefante é um pilar, como um tronco de árvore.

O cego que colocou a mão no corpo do elefante disse que era como uma parede. Outro, que sentiu o rabo, descreveu-o como uma corda. O último sentiu sua presa, afirmando que o elefante era aquilo que é duro, liso e como uma lança.

Diante desta cena, os cegos descobriram suas divergências, suspeitaram que os outros não estivessem dizendo a verdade e entraram em conflito.

O que esta estória nos apresenta? A parábola nos revela a tendência de defendermos as nossas verdades e tomarmos decisões baseados nas nossas limitadas experiências, sem nos questionarmos com a profundidade necessária. Não é difícil perceber que nós, seres humanos, caímos em uma série de armadilhas que prejudicam nossos julgamentos, opiniões e, consequentemente, nossas decisões. Temos a inclinação de ver as coisas através dos nossos ângulos, das nossas experiências, do lugar em que estamos. Tendemos a julgar as coisas, pessoas e situações através de uma visão limitada, baseados, por exemplo, em nossas crenças, padrões, necessidades e intenções.

O professor acadêmico, que não aceita a avaliação que recebeu dos alunos, está contaminado pela necessidade de autoimportância que seu ego impõe. A enfermeira que faz compras exageradamente, acima da sua capacidade financeira e endivida-se, está contaminada com a necessidade de se sentir valorizada e presenteada com a atenção das pessoas. O motorista que levou uma fechada e sai do carro para agredir o outro, está contaminado com a crença de que *"o espertinho queria passar na frente e ninguém me faz de otário"*. A líder da área de vendas que acha estar sendo perseguida pelo analista financeiro em virtude de um crédito negado ao cliente, está contaminada pela sua cega intenção de vender. A empresária que não consegue dar autonomia aos seus colaboradores está contaminada pelo medo e padrão de controle excessivo.

Será que o professor, a enfermeira, o motorista, a líder e a empresária, ao agirem assim, podem se considerar totalmente livres?

## O dragão do ego

Posso me considerar uma pessoa livre quando minhas ações são fruto de um pensar contaminado, limitante e não consciente? Somente um pensar lúcido é capaz de nos oferecer a verdadeira liberdade, evitando sermos prisioneiros de nós mesmos e, assim, capacitar-nos a exercer nossa individualidade de forma integrada, plena e genuína.

Querido neto, chegou a hora de compartilhar com você quais e como são os dragões que limitam o nosso pensar livre e genuíno. As armadilhas que nos fazem tomar decisões equivocadas, agir de forma automática ou que nos impedem de fazer uma mudança importante. Veremos como são suas manifestações, quais são os seus fenômenos e desafios. Você terá a oportunidade de caminhar em direção a sua liberdade interior. A cada passo que damos ao ampliar a nossa consciência sobre as nossas ações e decisões, nos faz caminhar na estrada da liberdade. Quando jogamos luz em fenômenos que não estávamos enxergando, aumentamos nossa visão da realidade e expandimos as nossas possibilidades. Neste contexto, um primeiro dragão que trago para essa reflexão é o Dragão do Ego. Um dos grandes desafios da nossa época.

Lembra-se do famoso Narciso, herói na mitologia grega famoso por sua beleza e vaidade, cujo oráculo de Tirésias revelou que teria uma longa vida desde que nunca visse seu próprio rosto? Pois é, morreu jovem! Ao ver seu próprio reflexo na Lagoa de Eco, apaixonou-se por si mesmo e definhou até morrer. Narciso, como arquétipo, emerge nas mais corriqueiras cenas do nosso dia a dia. Seja no diálogo entre pai e filho, no qual o tom de voz vai aumentando e a disputa para ver quem está certo vence a vontade de solucionar a questão. Na reunião em que o chefe convoca a todos e somente ele fala. Na conversa entre colegas em que a disputa intelectual faz com que deem uma volta ao mundo e o foco sai totalmente do objetivo inicial. Na relação com um cliente, em que a incapacidade de ouvir genuinamente impede o entendimento de suas reais necessidades e desejos. No ímpeto descontrolado de acessar as redes sociais para conferir, a cada minuto, as quantidades de curtidas no *post* publicado.

O Ego, aqui significando a parte limitada do EU humano (e não a definição psicanalítica), exige exposição, autoafirmação e reconhecimento. Está presente como uma poderosa sombra nas relações humanas e é uma grande barreira para a compreensão, cooperação e conexão entre as pessoas. O Ego usa a vaidade e o poder como alimento. É a autoimportância em ação, a imposição do meu EU sobre o EU do outro. Ele nos furta a consciência e, assim, agimos com impaciência, autoritarismo e até agressividade. O Ego quer dominar, não quer ouvir ou colaborar.

Contudo, chegou o tempo em que é fundamental termos a capacidade de estabelecer relacionamentos de confiança, atuar com empatia, agir colaborativamente e trabalhar em equipe. São algumas das competências sociais que a nossa época nos exige, tanto na vida profissional como na vida pessoal, mas que encontram um grande vilão: o EGO.

Tobias, você provavelmente concorda que alguns resultados de ambientes dominados pelo Ego são bem conhecidos: pouca colaboração e criatividade, conflitos, clima ruim, desengajamento das pessoas no trabalho, medo, desavenças familiares. As necessidades e desejos gerados pelo Ego atuam cegando nosso pensar, tumultuando o nosso sentir e contaminando nosso agir. E você? Lembra-se dos últimos dias? Será que suas ações foram conscientes ou dominadas pelo seu ego? A vaidade ou a necessidade de reconhecimento o dominou?

Querido neto, mesmo antes de inventarem o *post-it*, na década de 1970, eu costumava ter essas perguntas anotadas em um papelzinho colado com fita adesiva na minha mesa em casa e no trabalho. Sugiro que elas estejam sempre com você em todos os momentos em que esteja refletindo sobre uma situação, sempre que for tomar uma decisão. Seja em sua empresa, com um cliente ou com sua família.

*Quem está no comando, você ou o seu ego?*

# Cara a cara com o dragão

As perguntas de meu avô provocaram um grande redemoinho em mim. Emergiu uma sensação desconfortável, algo queria sair de dentro, que não estava pronto, incompleto, a ser digerido. Um intruso que exigia preparo para, depois, ser expelido.

Em cima da mesa de trabalho do avô Estevão, arrumados milimetricamente, percebi alguns materiais de escritório. Veio-me a imagem faraônica do Juarez e a raiva tomou conta de mim. O que ele pensa que é? Revivi seu leve sorriso de canto de boca, sarcástico, que deixava propositalmente escapar nos momentos em que queria me massacrar. Eu era o criador daquela empresa, por que eu estava me deixando ser massacrado por ele?

O nariz coçava insistentemente e os olhos metralhavam de piscar quando, subitamente, um calor subiu em meu corpo e a cadeira de balanço já não era capaz de me segurar. Levantei-me e saí do escritório do avô com um furor vulcânico. Em chamas, me dirigi até a cozinha. No gargalo, despejei um litro de água pela goela na esperança de ver aquela raiva dissipada. A garrafa caiu de minhas mãos, despedaçou-se. Olhei para o chão: eram milhares de cacos espalhados. Ajoelhei-me, pensando em recolhê-los. Cortei-me. O sangue se misturou aos cacos e ao piso molhado. Uma mancha encarnada e fluida tomou conta do lugar. Gritei; raivosamente gritei.

Eu ali, prostrado, apequenado e vertido. Uma represa, que acumulava tormentos. Ruiu-se. Arrebatou-se. Com o sangue estancado por um pedaço de pano, sentia a fraqueza que tomava conta dos ossos enquanto, silenciosamente, limpava cada pedaço que estava no chão. Aqueles cacos eram um espelho de mim, eu me catava, um a um, e ia colocando-me em um saco como quem precisasse refazer a alma. Um silêncio volumoso se apoderou de tudo, parecia que ocupava todo o espaço, tinha largura, profundidade. Eu, absorto, me deixava ser sugado por um redemoinho de nada;

não reagia, apenas era levado para baixo, no escuro, na calada profunda. Ali, o tempo se fez uma dimensão desconhecida. Segundos, minutos, horas? Não fazia diferença. Mergulhado no vazio, esperei.

Vagarosamente, os soluços foram cedendo espaço para um parco respirar. Os cacos, ajuntando-se, foram afrouxando de leve os nós que apertavam o peito. Ainda mal recuperado, uma nova chuva de pensamentos invadiu, tomou conta do lugar. Eu não iria mais aceitar o que acontecia. Juarez era dono da maior participação acionária na empresa e, mesmo incapacitado de recomprar sua parte, precisava fazer algo. Necessitava me livrar de tudo isso. Eu teria que sair da empresa. Mesmo que perdesse uma grande soma de dinheiro, não iria estragar minha vida lá dentro. Precisava extrair esse problema. Mecanicamente, terminava a limpeza, e a tempestade de pensamentos evitava se distanciar de mim. Vou me livrar desse martírio. Sairei da empresa!

Ao terminar o serviço, uma mesa com café, mate gelado e bolo estava pronta para servir de afago. Minha avó, em sua quietude, apenas aguardava. Seu olhar queria me colocar no colo e suas mãos acariciavam meus cabelos. Foram momentos em que palavras não tinham serventia. Ela nada perguntou, eu nada respondi. O tumulto de frases e exclamações que habitava minha mente impedia qualquer conversa. Eu iria jogar tudo para o ar e sair do negócio. Após poucos goles de café e afagos invisíveis, que somente nós dois conseguiríamos entender, retornei à cadeira de balanço repousada ao lado da escrivaninha de madeira. Ao sentar-me, senti como se a estivesse vestido. A fresta da cortina deixava passar uma lua vibrante. Olhando para ela, adormeci.

O sono foi intenso. Na cadeira não coube tamanha atividade, o que me fez acordar com as viradas de lado que os sonhos provocavam. Despertei ofegante com a maratona noturna que me deixara atordoado. Olhei para a janela e a lua ainda estava lá, como que se esperasse ser reconhecida. Sua luz me paralisou e, imóvel, deixei os pensamentos se despedirem. Percebi uma paz se espalhando pelo ambiente. Ela entrava pela fresta da cortina, passeava pela estante de madeira, dava voltas pelo lustre, preenchia cada espaço vazio e sentava-se ao meu lado, na cadeira de balanço. Um vazio tomou conta de mim. Mas era um novo vazio, diferente. Um vazio que preenche, enchendo-me de um nada cheio. Enchi-me de mim e senti a brisa trazer um perfume, era a familiar loção de pós-barba de meu avô. Lagrimei.

Chorei com lágrimas de despejar. Lágrimas que apagam incêndios interiores. O expandir do peitoral expeliu cada nó que, apertado, espremia e apertava. Aos poucos, os cacos se despediam e a alma se recompunha. Olhei ao redor e percebi que enxergava melhor. A névoa que embaçava havia se dissipado e o ar que respirava entrava mais forte. O vazio da mente foi preenchido com a imagem de meu sonho da noite anterior: uma criança. Uma criança se olhando no espelho.

*Criança. Espelho. Reflexo.*

# O dragão do ego

O velho Estevão tinha suas razões, não foi à toa que o primeiro dragão era o Dragão do Ego. A noite já havia dominado a cidade e a lua fazia companhia. Lá estava ela, cheia e reluzente. Meus olhos já abertos abriram-se em mim, enxerguei meus órgãos ao avesso, expostos para uma anamnese da alma. Olhei-me de longe. Vi-me, como se visse outra pessoa. Como se estivesse no alto, olhando-me, na cadeira de balanço. Percebi o que, de dentro de mim, não era possível ver.

Em alguns momentos, rastejava como um rato acuado. Recolhido nos cantos, vitimizado e rogando por um gênio da lâmpada que iria solucionar as minhas agruras. Em outros, estava como um cão raivoso, que vociferava inconformado. Faltava-me enfrentamento maduro, racional. Faltava-me autoridade sobre os meus sentimentos. Afinal, quem me irrita me domina. Por que ele tão facilmente me dominava? Onde estava o seu cabresto?

Chamei pelo silêncio que vem de dentro, roguei por apagar interrogações e exclamações que ressoavam como luminosos holofotes. Respirei fundo e senti o ar, que entrou grosso pelas narinas, espalhando-se pelo corpo, enrijecendo-me. O que me fazia reagir assim?

Descortinei a minha profunda necessidade de reconhecimento, na dependência de protagonismo, na vaidade de brilhar nos palcos. Desfeito parcialmente da cegueira, vi uma briga de dragões. Dois enfurecidos dragões brigando para se alimentar das atenções e das medalhas. Juarez e eu. Dois narcisos ao ataque. Aquela imagem iluminou. Eu via a lua em mim, não apenas em uma fresta pela cortina.

O que faz uma pessoa ser livre? A pergunta do velho Estevão ressoava nos holofotes, ganhava mais sentido. Percebi-me nas necessidades de um ego que me aprisionava, sentimentos que me impediam de ter a liberdade do pensar.

Uma memória me tomou de supetão. Uma experiência única, divisora de águas, ocorrida há cerca de doze anos, aos vinte e quatro anos de idade, quando estreava um cargo de liderança em uma grande empresa familiar. Havia finalizado o primeiro ano de trabalho, certo de que tudo ia nos conformes; afinal, as cifras e relatórios traziam resultados notáveis. Seguro, caminhava na altivez das montanhas, viciado no olhar de cima para baixo. Ambicioso e absorto em crescer na carreira, consumia livros e revistas de negócios como se trocasse de roupa. Certa feita, em uma das inúmeras leituras semanais, li sobre uma técnica de feedback que ganhava fama e espaço dentro das organizações: o feedback 360 graus. Aprendi que, assim como o giro completo geométrico, esse processo de avaliação considerava as pessoas do entorno. Além do chefe dar a opinião sobre as qualidades e os desafios de melhoria, os liderados e pares também o faziam. Invulnerável, resolvi colher as percepções dos meus liderados sobre o meu trabalho. Reuni os vinte e cinco colaboradores da minha equipe em uma sala e compartilhei o que havia aprendido: não bastava ouvir o que o chefe tem a dizer sobre você, é importante ouvir o que os seus pares e liderados têm a dizer. Entreguei um formulário individual e anônimo, repleto de perguntas sobre meu estilo de gestão e saí da sala, voltando após quarenta e cinco minutos. A sala estava vazia e apenas os anônimos formulários de avaliação repousavam sobre a mesa. Curioso para saber dos elogios a receber, sentei-me para ler as avaliações. A cada página folheada, minha postura se contraía, se fechava, até que me percebi corporalmente encolhido na cadeira daquela grande mesa de reuniões. Ainda sentado, retomei a postura e, surpreso, entendi que o resultado fora catastrófico. Poucos eram os adjetivos positivos. As respostas, uma a uma, iam descortinando um péssimo líder. Termos como "autoritário", "sabe-tudo", "incapaz de ouvir" e "insensível" preenchiam aquelas linhas. Por que eu não havia percebido que as coisas não estavam indo bem? Por que eu me via tão diferente de como eles me viam?

A equipe tinha medo de mim. Várias pessoas já buscavam outros empregos e os bons resultados jamais se sustentariam com um clima daqueles. Brevemente eu seria expelido daquela empresa. Percebi que eu tinha as minhas razões, mas estava errado. Precisava entender o porquê de tanta imprecisão na leitura da situação e em minhas convicções. Convoquei-os novamente para compartilhar o resultado. Pedi desculpas, exemplos e ajuda para a equipe. A maioria daquelas pessoas era bem mais velha do que eu. Tive sorte, fui acolhido e, aos poucos, fui mudando. Eu enxergava as pessoas como meio para alcançar os objetivos, os resultados. Eram como instrumentos, engrenagens de uma máquina. Aquela experiência me fez ver e me sentir diferente. Percebi que ali, em cada uma daquelas vinte e cinco pessoas, havia vinte e cinco individualidades. Cada uma com suas visões específicas de mundo, interesses e dilemas. Fui aprendendo a olhar uma a uma com atenção e interesse. Percebi que os números sozinhos não se sustentavam, que meus resultados deveriam abraçar também o bem-estar, o desenvolvimento e a realização individual das pessoas que trabalhavam comigo. As pessoas precisavam se sentir aprendendo e realizando algo importante. Ressignifiquei o que era um bom resultado.

Ao lembrar do acontecido, vi o passado se encontrando com o presente. O hoje de mãos dadas com aquele dia, há mais de dez anos. Senti a mesma sensação venturosa de descortinar um porquê, de me entender com clareza, de enxergar os meus erros. Desvendei, ali, o que estava por trás daquilo: a minha necessidade de reconhecimento e de estar no palco estavam determinando o meu pensar e agir. Um quarto escuro se abriu, joguei luz para entender as causas e não somente sobreviver afogado nas consequências das próprias atitudes. Meu peito se abriu. O despertar se mostrou libertador e trouxe a sensação de estar com as mãos nas próprias rédeas, de poder mudar para melhor. Senti a paz no coração.

Entendi-me atuando sob influência da força do ego. Como agora precisava dividir o palco com o Juarez e não estava sendo reconhecido como achava que deveria estar, agia ora como um gato acuado, ora como um cão raivoso. Estava desvirtuado da causa principal e absorto nas minhas necessidades emocionais.

Ser livre não é fazer o que se quer, isso pode ser obedecer ao mal dentro de si. Ser livre é fazer o necessário, agir com consciência, romper com o agir mecânico que estamos acostumados em nosso dia a dia. Entendi que a conquista da liberdade interior só seria possível se saísse da prisão de uma atividade mental destrutiva. Antes de voltar para O Livro da Liberdade, olhei a estante, retirei um dos livros de poemas e abri em uma página qualquer:

*Viver é caminhar.*
*Chegar não é viver,*
*é como se fizesse o tempo parar.*
*Um segundo que congela,*
*para depois retornar.*
*Viver é caminhar...*

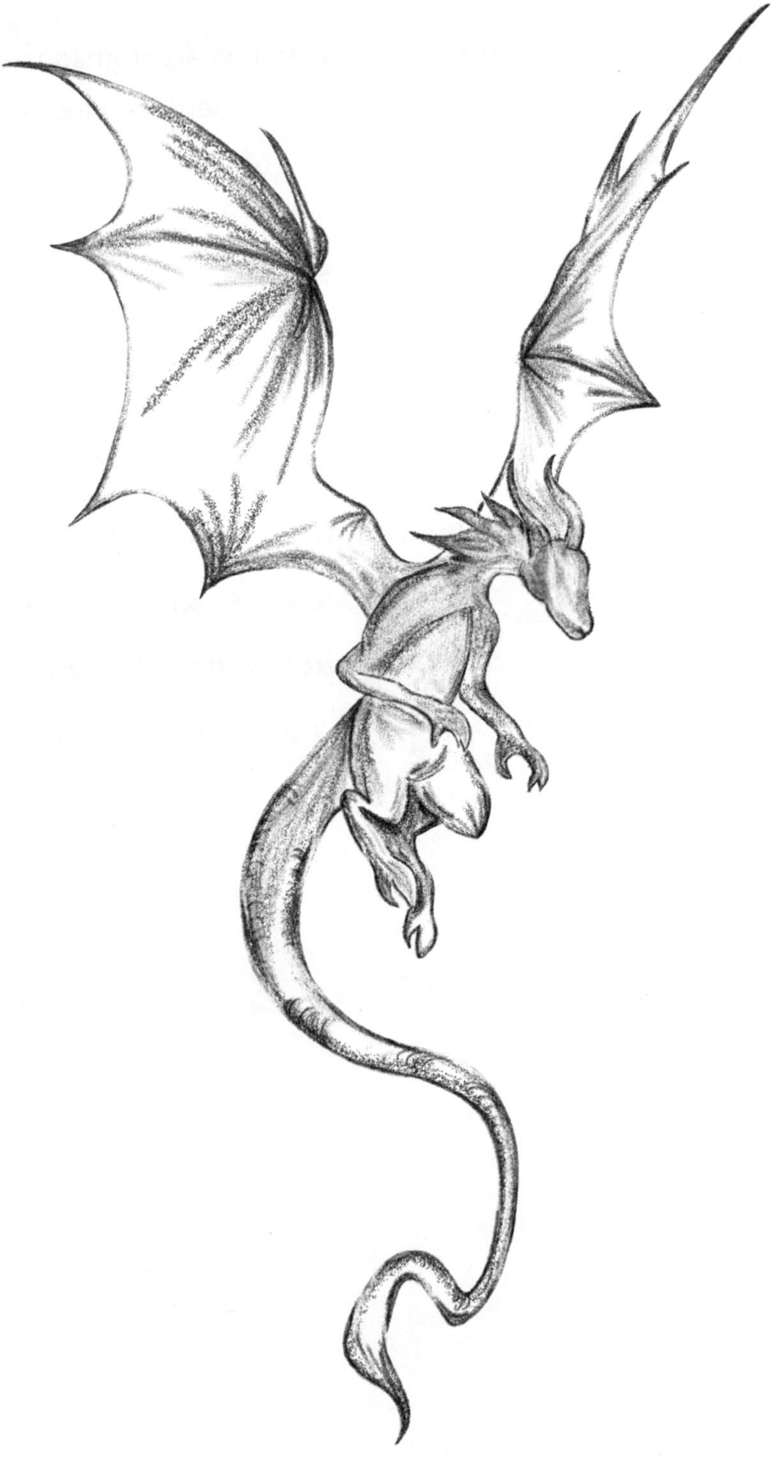

# CAPÍTULO V

## O dragão da vida exterior

*"Deus é isto: a beleza que se ouve no silêncio"*

RUBEM ALVES

Amado Tobias, lembro que você adorava fazer pastel com sua avó. Ela preparava a mesa da cozinha sempre com uma toalha quadriculada branca e verde. Cada ingrediente era separado em potinhos e os instrumentos eram arrumados ordenadamente. A máquina de esticar a massa ficava presa na borda direita da mesa e os demais artefatos iam se posicionando lado a lado. Depois que tudo estivesse meticulosamente arrumado, ela começava a receita, lembra-se? Sentado em uma banqueta, você ficava com um garfo na mão fechando cada pastelzinho que, depois de bem fechadinho, era colocado nas travessas de assar. O resultado era uma mesa repleta de sabores, tamanhos e formas.

Esses momentos me trazem deliciosas lembranças e me remetem ao que estamos fazendo por aqui. A diferença agora é que serão os seus sabores, temperos e formas. Vou trazendo alguns ingredientes e instrumentos para ajudá-lo. Se você realmente quer se sentir uma pessoa no caminho para a liberdade, vá criando a sua receita.

O indivíduo, ao longo de sua existência, desenvolve uma identidade própria e única que precisa ser compreendida e trabalhada. Essa identidade se expressa principalmente através de sua biografia, valores, conceitos, conhecimentos, crenças e atitudes. O processo de transformação é, antes de tudo, uma abordagem de aprendizagem e evolução. A humanidade vem em evolução e o espírito da nossa época faz emergir, como necessidade humana, a busca de afirmação dessa identidade, através de um propósito e de sentido da vida. Quando isso está confuso, é como se faltasse algo dentro de nós. A descoberta do propósito pessoal proporciona uma razão maior para existir. O sentido da existência é fundamental para evitar o vazio interior e para dar sentido às nossas ações.

Contudo, não é possível encontrar o nosso propósito genuíno em uma resposta mágica e imediata. Dificilmente isso acontece em um workshop de final de semana ou com a leitura de um livro, por mais que essas iniciativas tenham sua importância. É necessário um processo de autoconhecimento e autodireção, um caminhar consciente e constante. Abrir a cabeça e o coração, ir jogando luz. Passo a passo e, pela experiência do dia a dia, ir aprendendo como funcionamos. Entender quais são os fenômenos que estão por trás de nossas conclusões e atitudes do cotidiano. Conhecer nossas limitações e desafios de desenvolvimento. Quando realmente nos conhecemos com profundidade, o propósito se revela. Ele aparece.

Algumas vezes achamos que sabemos o nosso propósito, mas, na verdade, são os impulsos do ego que nos levam naquela direção. Tenho alguns exemplos práticos deste "propósito do ego" em alguns colegas empresários. Vi empreendedores que fizeram uma trajetória de sucesso, muitas vezes de uma forma humana e com grandes contribuições para a sociedade, mas que, quando venderam suas empresas (alguns ficando até multimilionários), sentiram um grande vazio dentro de si. Convivi com alguns ricos empreendedores depressivos ou com outros problemas psicológicos. Ouvi certa vez de um amigo que, ao vender sua empresa, sentiu-se inútil e tinha vergonha dos filhos por não precisar sair cedo de casa para trabalhar.

O que pode estar por trás disso? É uma questão de propósito ou uma exigência egoica? Seria a necessidade de ser reconhecido ou de exercício de poder? Será que o propósito genuíno depende de algum fator externo, como ser o dono de uma empresa?

Não há descoberta de propósito genuíno sem um profundo autoconhecimento. Dessa forma, o aumento do conhecimento de si mesmo, de forma paulatina e constante, vai nos iluminando interiormente e nos descortinando.

Perceber a experiência de estar vivo é mais importante do que a busca pelo sentido, pois é na experiência que vamos retirando as camadas que habitam em nós, vivendo e aprendendo com o hoje. Cultivando a paixão pelo aprendizado e pela jornada. Assim, na hora certa, o sentido se revelará.

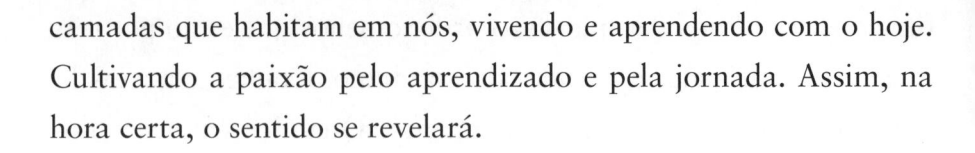

*Não adianta procurar uma chave caída em um quarto escuro.*

Só posso dizer que entendi alguma situação se compreendo como funciona o meu pensar, sentir e querer; como cheguei a esse entendimento. Como no Tao chinês: "*O que pensa que sabe, não sabe. O que sabe que não sabe, sabe.*"

Toda educação que estimula o autodesenvolvimento fortalece o ser humano para a conquista da liberdade. Capacita-nos para fazer as escolhas que nos libertam. Autodireção.

Quando estou navegando (você sabe que adoro velejar) e vejo as ilhas bem pequeninas ao fundo, percebo que, à medida que vou me aproximando, as vejo maiores até que, a determinada distância, consigo identificar os tipos de vegetação e até mesmo as aves que habitam ali.

O que mudou na ilha? Nada. Foi minha nova posição que me permitiu uma perspectiva diferente e, assim, consegui ver coisas que não via antes. O nosso conhecimento é limitado, à medida que vamos ampliando-o, nos é permitido ver de forma diferente, e isso nos revela o que precisamos ajustar.

## O dragão da vida exterior

Esses conceitos fazem parte dos ingredientes. Para torná-los realidade é necessário um caminho de atenção e treino. Ritmo consciente.

Então, qual é a principal dificuldade para este caminho de atenção e treino? Como abrir espaço para emergir o ser humano consciente que existe em nós?

Não há outro caminho: a calma interior. Precisamos gerar espaço interior, fora das atividades habituais, para um processo de autodesenvolvimento.

Certa vez ouvi de um amigo médico que, na Grécia, para indicar a entrada em um ônibus, usa-se a palavra "esotérico" e na indicação de saída usa-se a palavra "exotérico". Ele deu esse exemplo para ilustrar que, apesar de esses termos serem adjetivos homófonos no nosso português, apresentando pronúncias idênticas, seus significados estão em polaridades diferentes. O prefixo grego "eso" significa tudo que é voltado para dentro, enquanto "exo" quer dizer tudo que é voltado para fora.

É fácil perceber que no nosso dia a dia tendemos estar muito mais no exotérico, atuando para fora, do que no esotérico. Assumimos diversos papéis, seja como mãe/pai, líder, empresário, amigo, filho, funcionário. Nosso dia a dia é consumido com a atuação nestes papéis, não é?

Contudo, como em um ônibus grego, para irmos a algum lugar precisamos do esotérico, entrarmos em nós mesmos, saber quem somos, como e por que agimos. Para isso, a vida exterior precisa ser equilibrada com a vida interior. Não há como se desenvolver, entender como pensamos, sentimos e agimos, buscar revelações para transformação sem momentos de introspecção. "Sussurro sem som, onde a gente lembra do que nunca soube", lembra nosso Guimarães Rosa.

## *A voz ocupa espaço.*

O nosso coração é a imagem desse equilíbrio. Para gerar a energia necessária de bombeamento do sangue e de criação da pressão arterial, ele alterna a contração (sístole) e o relaxamento (diástole). Nessa segunda fase do processo, o coração se enche de sangue e mergulha no silêncio profundo revigorante.

Quem gosta de biografias percebe facilmente algo em comum nos grandes líderes e personalidades, independentemente das épocas em que viveram: **momentos de introspecção.** Kennedy, Steiner, Victor Frankl, Napoleão, Marco Aurélio, Goethe, Da Vinci, Churchill, Jobs; cada um à sua maneira reservava momentos esotéricos para reflexão profunda sobre eles mesmos e suas ações, sentimentos e pensamentos.

Estamos tão acostumados a viver somente a vida exterior que muitas vezes, ao iniciarmos uma experiência interior, não sabemos muito bem o que fazer. Não perceba isso como uma crítica, mas apenas como uma característica da nossa época. Além disso, a raiva, o medo e, sobretudo, a dúvida emergem quando pensamos

## O dragão da vida exterior

sobre os fatores que interferem em nossas decisões. Passar por isso faz parte do processo de autodescoberta e autodesenvolvimento. Enquanto nossa consciência estiver focada exageradamente no mundo exterior, estaremos distantes da nossa identidade. Somente a calma interior nos faz discernir o que realmente importa das outras atividades que realizamos.

Momentos de introspecção para praticar o pensar sobre o pensar exigem atenção em si, evitar que o pensamento sobre a reunião da próxima semana interfira no processo. É preciso se desprender dos pensamentos do dia a dia e preencher a alma com comunicação espiritual para construir a capacidade interior de se portar com serenidade e tranquilidade diante de quaisquer que sejam os acontecimentos.

Estar no presente, entregue para um momento introspectivo como rotina, é um importante passo para que as portas da nossa consciência se abram e possamos pensar no nosso pensar. Não é à toa que o significado da famosa palavra inglesa *insight* é olhar (*sight*) para dentro (*in*).

*É somente na pausa que o novo é capaz de emergir.*

Meu querido neto, algumas imagens podem ser bem úteis, como mapas que nos orientam na caminhada. Fiz alguns desenhos para que facilite a sua compreensão do caminho. Vou usar a lemniscata para lhe ajudar a formar uma imagem sobre o que estamos conversando. Lemniscata era a guirlanda de flores que os gregos davam aos vitoriosos ao retornarem das batalhas. Ela circulava a cabeça, cruzava sobre o coração e circundava o abdome. Os matemáticos também a usam como símbolo do infinito e ela revela a relação do interno com o externo.

Imagine a lemniscata como uma ilustração de um processo equilibrado de vida interior e vida exterior, esotérica e exotérica, sístole e diástole, contração e expansão.

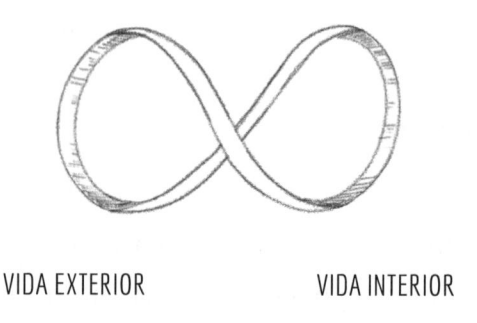

VIDA EXTERIOR          VIDA INTERIOR

Em cada polaridade da lemniscata, encontra-se uma dimensão de nossa vida. A vida exotérica é preenchida com os momentos de vida exterior, nos quais exercemos nossos diversos papéis: profissional, estudante, esposa, filho, pai. São os momentos em que estamos interagindo com o mundo exterior. Mesmo que sozinhos podemos estar na vida exotérica, olhando para fora, como quando vemos TV ou usamos o celular. Podemos dizer que esses são momentos mais materiais.

A vida esotérica é preenchida com os momentos de vida interior. Momentos em que estamos sem interação externa e voltados para nós mesmos. Seja fazendo uma meditação, lendo um livro sobre desenvolvimento humano, fazendo uma retrospectiva sobre o dia, realizando alguma atividade artística, em uma sessão de terapia ou simplesmente procurando acalmar a mente enquanto observamos as ondas do mar. Podemos dizer que são momentos mais imateriais.

*O equilíbrio dinâmico entre essas duas polaridades complementa e fortalece um ao outro.*
*O exotérico e o esotérico.*

O que acontece quando um organismo vivo entra em desequilíbrio? Há uma reação e sintomas acontecem, como as doenças. Quando estamos com excesso de vida exotérica, por exemplo, esse desequilíbrio contribui para as diversas manifestações facilmente observáveis no nosso mundo contemporâneo: *burnout*, problemas psicológicos, vazio interior, consumismo. É fácil perceber que o prestígio da nossa sociedade está na vida exterior. A busca exagerada por resultados imediatos, o materialismo e a necessidade de exposição são algumas das influências que atuam intensificando essa dimensão no nosso dia a dia.

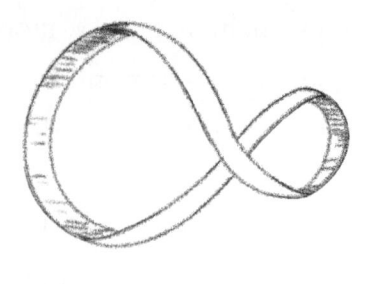

VIDA EXTERIOR          VIDA INTERIOR

Como encontrar o propósito genuíno, se autorrealizar e ser feliz somente atuando através da vida exterior? As benesses da vida exterior tendem a ser passageiras. Por mais que possam ser importantes e deleitantes, são prazeres temporários. Quando vivemos apenas o exotérico, a vida se torna uma constante busca pelo prazer momentâneo.

Como diz o ditado, não adianta sair caçando as borboletas, cuide do seu jardim que elas irão aparecer.

Em contrapartida, da mesma forma que o excesso de vida exterior gera o desequilíbrio, buscar viver somente a vida interior também pode gerá-lo. O que é construído através da vida interior precisa ser materializado em realizações no mundo exterior. O eremita que vive isolado e não parte para vida prática limita sua capacidade de desenvolvimento, pois é a interação humana que nos testa e desafia para a evolução.

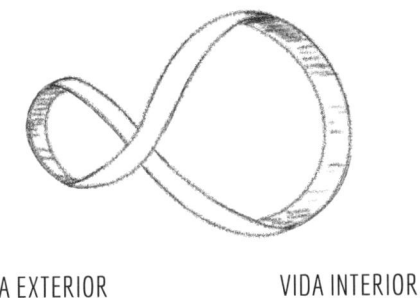

VIDA EXTERIOR        VIDA INTERIOR

Neste processo de equilíbrio dinâmico, a consciência e a energia geradas com o trabalho em uma dimensão vai alimentando a outra, e assim sucessivamente.

Querido neto, lá vou eu fazendo uso de esquemas. Fiz esses desenhos porque sinto que vai trazer luz ao que estamos conversando.

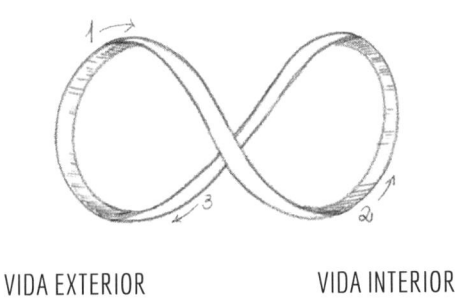

VIDA EXTERIOR        VIDA INTERIOR

1. Eu vivo uma situação na minha vida exterior na qual reajo de uma determinada maneira. Por exemplo, fui demitido e reagi falando mal do meu chefe e me sentindo injustiçado.

2. Trago essa situação, minhas reações, pensamentos e sentimentos para o meu mundo interior. Amplio a visão e per-

cebo novas formas de pensar, sentir e agir. No exemplo, percebo que meu chefe realmente não era um dos melhores líderes, mas que eu tenho responsabilidade pelo que aconteceu e que vive em mim uma crença de que é a empresa é que precisa "me segurar", pois sou muito bom no que faço. O que me eximiu da responsabilidade de preservar meu emprego.

3. De volta à vida exterior, atuo conforme meu aprendizado extraído na vida interior. Encontro em meu aprendizado uma nova forma de agir na vida prática.

Assim, ao buscarmos equilibrar as duas dimensões, destinando tempo e dedicação a ambas, promovemos o equilíbrio dinâmico e um constante processo de aprendizado.

*"Cada mudança no mundo exterior exige uma mudança no mundo interior."* Essa frase de Rudolf Steiner é muito emblemática; pois como esperar que algo mude se eu não me movimentar internamente para isso?

Tobias, agora é hora de uma parada, digamos assim, esotérica. Pare de ler um pouco e tente responder para você mesmo: como está a lemniscata da sua vida?

Tire um tempo, desligue o celular, busque um espaço tranquilo e deixe a resposta interior chegar para essa questão tão importante.

Se bem o conheço, meu neto, a sua lemniscata deve estar bem tomada pela vida exterior, como a maioria das pessoas hoje em dia, não está?

Ressalto, meu querido, que é a vida interior que nos abre as possibilidades para o desenvolvimento de importantes capacidades.

Normalmente as pessoas consideram real o que pode se tocar ou se ver. Os estados da emoção não podem ser vistos ou tocados, por exemplo. Além disso, neste momento há milhões de fenômenos acontecendo e que não percebemos. Sons que não ouvimos, micropartículas que não vemos, cheiros que não sentimos. Os sentidos humanos são limitados. Quem tem um cachorro em casa percebe facilmente no dia a dia que o faro e a audição caninas são infinitamente melhores do que os nossos. Não deveríamos precisar ver, cheirar, ouvir ou tocar as coisas para perceber que elas existem. Tenho um amigo surdo que possui a capacidade de entender mais do seu entorno do que os que estão ao seu lado escutando com seus ouvidos físicos.

Para perceber os fenômenos que não captamos com os nossos sentidos básicos, mas que acontecem, é preciso desenvolver uma sensibilidade intuitiva, uma capacidade interior que exige a reflexão e a calma interior para fazê-las desabrocharem. Dessa forma, o vazio interior é preenchido com a gradual elevação da consciência.

Agora, querido Tobias, há um ponto de atenção. Todo desenvolvimento humano precisa de tempo, e normalmente estamos sempre com pressa. Isso significa que, na maioria das vezes, não investimos em viver o processo, queremos somente o resultado. Já tentou abrir o botão de uma rosa com as mãos? Ele todo se despedaça. Mas quando chega a hora certa, ele abre majestosamente suas pétalas como em um balé, revelando a beleza que estava sendo preparada em seu interior.

A chave está no esotérico. Essa é a chave que abre as portas para a percepção mais sutil, daquilo que não é visível, que não é palpável, para a riqueza interior. Um caminho pouco percorrido por nós, humanos, tão preocupados com o que não é essencial.

Amado neto, para preencher o coração durante as suas próximas reflexões, deixo uma pequena poesia.

*O silêncio me fala: fique calado!*
*Ecoa que tem algo a dizer.*
*O silêncio me diz que há muito no ar,*
*e que ele, somente ele, me dará o entendimento*
*para fazer.*

*O silêncio, enfim, quando deixo entrar
cala os berros e furacões
cala as perturbações que me balançam
desviando o caminho, distanciando-me do Ser.*

*Estevão, seu avô.*

# Ter e ser

A claridade da lua tinha sido substituída pela luz do sol. Sem perceber, entre cochilos, reflexões e leituras, amanhecera. Mesmo passando a noite em uma cadeira de balanço, eu estava bem. Bem-disposto. Passei em casa para um banho e troca de roupa, e fui para a empresa. Ao chegar na porta, parei. Ainda era cedo e as poucas pessoas que ali estavam preparavam seus cafés, arrumavam suas mesas ou conversavam entre si. Percebi que nos últimos tempos entrava naquele local como um visitante distante, percebia-me cheio de dedos e como se aquele ambiente não fizesse parte de mim.

O escritório tinha uma aparência de vanguarda. Uma sala de reunião envidraçada no meio, grafites coloridos nas paredes, um teto garage com luminárias de aço descendo em fibras óticas, displays de calçados com as coleções da marca, máquinas de café expresso e de mate gelado, vários computadores espalhados em estações de trabalho. Era um ambiente bem descolado, semelhante a alguns que visitei no Kreuzberg, em Berlim. Mas faltava algo ali.

Não havia a menor dúvida de que a mudança de escritório trouxe muito mais conforto e espaço para todos. O antigo local de trabalho era em uma encantadora casa na zona oeste da cidade; simpática, mas bem apertada. O dispêndio não permitiu além das poucas adaptações para que o local virasse escritório. Era desconfortável, mas havia algo ali.

Percebi meu olhar esotérico se abrindo para perceber o nível mais sutil das coisas, que vão muito além do material. Porque havia lá um algo que não se pega. Algo que se sente e que, muitas vezes, sabemos, mas não sabemos que sabemos. Havia uma energia agregadora, um sentimento de coesão e de direção. Sobravam sorrisos, brincadeiras e descontração. Havia também momentos de tensão. Dificuldades naturais de um negócio a germinar. Contudo, mesmo com as habituais dificuldades financeiras, o que atualmente não tínhamos mais, havia algo de mágico e de diferente na atmosfera daquela casa.

Olhei o ambiente atual com todas aquelas pessoas trabalhando e, como num *flash*, recordei das inúmeras dificuldades que superamos até aquele momento. Lembrei que numa sexta-feira de inverno o céu estava carregado de nuvens cinzas e o vento uivava pelas frestas das janelas. Já era tarde da noite e eu ainda não sabia como pagar os salários na próxima segunda-feira. A redução de linhas de crédito é algo mecânico e indiferente para os bancos brasileiros; eles fazem isso de supetão e com uma naturalidade ímpar. O que é possível e acordado em uma semana, na semana seguinte pode não existir mais, simples assim.

— Caiu o crédito — disse o gerente de contas, como se estivesse dando uma notícia qualquer.

Enraivecido e decepcionado, voltei para casa com inúmeros questionamentos na cabeça: "*O que vou falar para os funcionários? Será que fiz certo ao empreender? Devo desistir?*"

No sábado pela manhã, depois de uma noite pouco agradável, resolvi deixar essas perguntas de lado e parti para buscar novas formas de honrar aqueles salários. Depois de uma maratona de tentativas, às 19h30 de domingo, consegui um empréstimo com o sogro de um grande amigo. Ao deitar-me na cama, bem mais cedo que o habitual, cai nos braços de Morfeu no que foi uma longa e reconfortante noite.

Lançar e desenvolver a marca com o pouquíssimo investimento que tínhamos, superando todas as dificuldades encontradas, só foi possível porque havia algo diferente, havia ALMA — uma força coletiva, egrégora que nos fazia sofrer, vibrar, criar e caminhar juntos. Atualmente, com os aportes do novo investidor, não tínhamos mais problemas materiais. Contudo, a alma se dissipou, esvaiu-se. Faltava algo ali.

O dinheiro e os executivos que chegaram com o novo sócio foram fundamentais para potencializar a dimensão material.

Faltavam recursos para expandir a marca. O aporte de capital ajudou na criação de novos produtos, ampliação de mercados, contratação de pessoas e nos melhoramentos da infraestrutura. Contudo, a dimensão imaterial não foi trabalhada como deveria. A cultura, o clima, a motivação e a conexão entre pessoas eram aspectos da essência, e estavam sendo negligenciados.

O infinito, chamado de lemniscata pelo velho Estevão, me veio à mente mais uma vez. Além da superfície, havia um problema a ser aprofundado: o desequilíbrio entre o TER e o SER. Aquele arquétipo, que trazia a riqueza da polaridade, demonstrava, também em seus contornos, a labuta da harmonia entre duas dimensões organizacionais: a material e a imaterial. Nas empresas, assim como em nossas vidas pessoais, as dimensões do Ter e do Ser precisam estar equilibradas. O foco excessivo no material, negligenciando o imaterial, traz o desequilíbrio gerador de doenças, nas pessoas e nas empresas. Assim como ao focarmos excessivamente o Ser, o material tende a nos faltar.

Agora, eu mesmo fazia um desdobramento da lemniscata desenhada pelo meu avô. Peguei papel e lápis. Desenhei uma imagem que parecia cada vez mais evidente e falava da situação que estávamos vivendo. Eu estava sentindo, com cada vez mais intensidade, a necessidade de trabalhar a força do SER.

O dragão da vida exterior

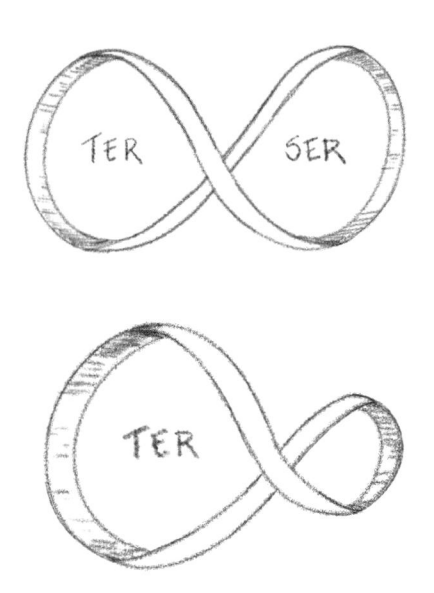

Peguei-me pensando sobre o impacto das nossas microdecisões cotidianas, quando elas não são precedidas pela reflexão esotérica e são tragadas pelo exotérico.

Quando eu olho para um calçado e me preocupo se ele foi feito com mão de obra infantil ou se a marca é responsável pelos dejetos de produção, acesso algo além do que os sentidos me dão, preocupo-me com o Ser da organização. Também posso olhar o calçado e me dar por satisfeito se ele for bonito e me cair bem; assim, fico preso exclusivamente ao material, ao Ter. Fico preso aos sentidos ou me preocupo com algo além do que meus olhos, tato e bolso me dão?

Vejo como necessário o questionamento sobre essas duas dimensões, gerando uma consciência que vem trazer luz para além dos sentidos materiais, algo que vem do nosso mundo interno. Nas empresas, não estamos mais em trilhos onde vamos pisando nos batentes e seguindo a linha. Nesse lugar de estreiteza não há espaço para o exercício da individualidade, da criatividade e da conexão com o próximo. Nosso tempo exige que saibamos andar em mata fechada, desbravando o caminho, fazendo trilhas, deparando-se com pedras, lagos e cobras para desviar. Demanda de entendimento e preocupação com o entorno, perceber-se fazendo parte, usar a intuição. Para esses afazeres, carece ter gente engajada para caminhar em trilhas, diferente do andar em trilhos com os antolhos a limitar.

O desequilíbrio imaterial já estava a abalar os resultados materiais. Mesmo com todos os recursos investidos no negócio, os últimos meses estavam rateando e se faziam piores do que quando não havia investimento algum. Além disso, se havia desalinhamento entre os sócios, como querer uma equipe alinhada? Como ter uma equipe com alma se o próprio líder sentia um enorme vazio interior?

Uma luz se acendeu e fez emergir questões de futuro: como resgatar a alma do grupo? Como incorporar as facilidades materiais atuais com a força imaterial que tínhamos? O que queremos SER? Era preciso resgatar essa conexão com a empresa. Era preciso trazer novamente uma alma coletiva para esse time.

A energia das questões se apropriou de mim. Esquecido da decisão anterior, o abandono da empresa, já matutava em como entrar nas profundezas do desafio. Duas estradas se abriram a minha frente: o desígnio pessoal do esotérico em minha rotina e o desafio empresarial de resgatar a dimensão imaterial naquela equipe de trabalho. Coloquei essas questões em um post-it sabido de que, ao sentar em minha mesa de trabalho, seria absorto pelas tarefas do dia. Já colado, o post-it olhava para mim.

# A casa oca

O escritório esvaziou-se aos poucos com o cair do dia. As janelas daquele andar revelavam a silhueta da Lagoa Rodrigo de Freitas com um sol se escondendo por traz de montanhas recheadas de Mata Atlântica. A abundante profusão de cores se complementava com as pinceladas de um céu rosáceo.

O post-it estava ali, estacionado em uma das extremidades da mesa, aguardando a sua vez. Peguei-o, desliguei o computador e segui em direção à porta principal. O dia de trabalho havia sido intenso e produtivo. Senti-me com uma motivação diferente, intensa, realizadora. Algo que há um tempo não vivia. No elevador, com o *post-it* na mão, sabia que precisava conceber algumas soluções para aquelas questões. Como de costume, caminhei em direção ao metrô.

Há alguns anos havia deixado de ter carro. Além de não gostar de dirigir no deseducado trânsito carioca, o metrô, a bicicleta e o táxi resolviam todos os meus problemas de locomoção. Quando precisava viajar, alugava um carro e pronto. A vida ficou bem mais simples e agradável com essa decisão. Dentro do vagão, passei pela minha estação. A casa de meus avós ficava a duas estações dali. Foi para lá que resolvi ir. Naquele momento, não havia lugar melhor do que o escritório de meu avô. Toquei a campainha e vi o sorriso doce de minha avó se aproximando do portão. Entramos pela porta da cozinha e como se já pressentisse, a mesa de café, mate gelado e bolo estava pronta e arrumada. A viuvez da velha avó não estava sendo fácil. No passado, a atividade e as ideias do marido preenchiam a casa que agora andava vazia. Um cair de uma colher fazia ecoar um som sem-fim. — A casa está oca — dizia ela.

Trocamos afagos e ajudei-a com as atividades bancárias. — Seu avô fazia tudo. Pagava as contas, administrava o dinheiro. Por que será que me atrapalho tanto com isso? — lamentava a velha querida.

Finalizei os afazeres e fui para o templo do avô, entrei ritualisticamente. Olhei para a cadeira de balanço, mas ela não me parecia tão convidativa como outrora. Ao me sentar na poltrona, que ficava na outra extremidade da estante de madeira, peguei o post-it e reli as questões que estavam estacionadas ali. Precisava pensar e estruturar um caminho de solução, mas uma curiosidade acendeu em mim. Eu estava me sentindo mais livre com aquelas descobertas e uma sede de saber me dominava. Impulsionado por isso, abri O Livro da Liberdade para ler mais um capítulo.

# CAPÍTULO VI

## O dragão das crenças, padrões e hábitos

*"Não vemos as coisas como elas são, vemos as coisas como nós somos"*

TALMUDE

Caríssimo neto, vou lhe contar uma estória que aconteceu há vários anos. Em uma de nossas empresas, na Editora Francisco de Assis, contratamos um novo supervisor para as linhas de produção dos livros e apostilas. Ele se chamava Massao Nishikawa. Esse rapaz era filho de um imigrante japonês que chegou ao Brasil a bordo do navio que trouxera os primeiros 781 japoneses a esse país, o Kasato Maru. Sua família estava estabelecida no interior do Paraná e trabalhava em uma cooperativa agrícola, mas o rapaz sonhava alto e resolveu tentar a vida na cidade grande. Massao era muito inteligente e dedicado, porém em sua equipe havia um ponto de intenso descontentamento. Eles estavam exaustos com o nível de cobrança. Massao era rígido em excesso e, mesmo atingindo os resultados, não havia reconhecimento ou comemorações. Os funcionários se sentiam sufocados e nada do que fizessem agradava o supervisor. Muitos deles já estavam procurando outros empregos. O clima estava pesado e as pessoas se percebiam infelizes em trabalhar lá.

Certo dia, convidei o rapaz para um café da manhã em uma padaria próxima à empresa. Perguntei de sua história, sua família, suas intenções futuras. Vi em Massao a representação dos valores japoneses: organização, responsabilidade, honestidade e dedicação. Contudo, percebi também a rigidez que o estava atrapalhando, fruto de sua biografia. Ouvir aquele rapaz foi um grande aprendizado. O café da manhã se estendeu além do previsto e estava bastante agradável conhecer as histórias da família Nishikawa e a riqueza da cultura japonesa. Entre um gole de café e outro, Massao se lembrou de um ditado que seu pai sempre lhe contava: "Para fortalecer o *kunugi* (árvore de carvalho), é preciso lascar seu caule com o machado enquanto pequeno." Ao sentir o caule lascado, o *kunugi* aprofunda as raízes no solo para se tornar mais forte. Ao final deste ditado, o pai de Massao complementava, dizendo:

— Sem sofrimento não criamos raízes profundas para o amanhã.

## O dragão das crenças, padrões e hábitos

Quando ouvi esse ditado, percebi o que ocorria dentro daquele jovem e o interrompi com uma pergunta:

— Massao, será que você não está tratando a sua equipe como um *kunugi*?

A face descontraída do rapaz se enrugou e ele caiu em profundo silêncio. Respeitei seu momento. Apenas aguardei esvaziando lentamente a xícara de café, esperando que a pergunta ressoasse em sua mente e coração.

Após alguns minutos, Massao pediu licença para ir ao banheiro. Ao voltar, notei que o rosto molhado do rapaz apresentava uma face um pouco menos enrugada, mas triste. Massao se sentou na minha frente e, com um olhar humilde, disse-me:

— É necessário haver dor e sofrimento para sermos uma equipe forte e capaz. É assim que eu estou agindo. Igual à história do *kunugi*. Peço-lhe desculpas Sr. Estevão. Não estou sendo um bom líder, estou tirando lascas do caule.

A experiência familiar de Massao havia lhe proporcionado inúmeras qualidades, mas a crença de que era preciso sofrer para criar raízes profundas estava incrustada nele. O *kunugi* havia se tornado uma força que o limitava, pois o jovem rapaz havia incorporado aquela história de maneira literal e exotérica. Essa aplicação, sem uma reflexão esotérica, determinava um padrão de comportamento e o prejudicava, dificultando sua trajetória de vida e tornando o dia a dia dos seus subordinados um filme de terror. Ser dedicado é muito importante, mas será que não era possível conquistar algo sem sofrimento? Será que uma vitória não merecia ser comemorada e reconhecida? Depois daquele café da manhã o rapaz descobriu que sim, e essa revelação abriu lindas possibilidades de transformação para ele. Massao trabalhou conosco por muitos anos, chegou a diretor da editora e saiu da empresa porque foi abrir sua própria gráfica.

Tobias, perceba como a crença de Massao o levava a ter um padrão de comportamento que, consequentemente, virou um hábito. Ele cobrava exageradamente a equipe e, além disso, não percebia o quão importante é reconhecer o esforço e as conquistas. Agia no automático; suas decisões e atitudes se seguiam sem que houvesse um pensar consciente. O rapaz estaria agindo da mesma forma até hoje, caso não tivesse despertado e se dedicado a romper esse padrão. Será que ele teria se desenvolvido e crescido pessoal e profissionalmente se continuasse agindo daquela forma?

Vou lhe contar uma outra estória. Nesse caso, aconteceu com a nossa família e eu, infelizmente, fui um dos responsáveis. Isabela, minha irmã e sua tia-avó, era bem atrapalhada quando criança. Derrubava copos, esbarrava em mesas, quebrava brinquedos. Sempre que fazia isso, dizíamos:

— Bela, como você é desastrada!

Ela cresceu e, depois de muito esforço, conseguiu entrar para a faculdade de Medicina. No término do seu curso, quando já era uma residente e trabalhava em um hospital, foi convidada por um amigo cirurgião para acompanhar uma complicada operação. Durante a experiência, deixou escapar:

## O dragão das crenças, padrões e hábitos

— Como esse trabalho é lindo, meu sonho era ser cirurgiã.

O amigo virou-se para ela, com um olhar de surpresa, e lhe perguntou o que a impedia disso, já que poderia fazer outra escolha e direcionar sua especialização.

— Eu sou muito desastrada — respondeu.

O médico, inconformado, iluminou-a dizendo que sua afirmação não fazia sentido, pois ela era uma excelente residente e que nunca tinha visto nenhum indício de desastre em suas condutas médicas. Esse momento de luz abriu novas oportunidades em sua mente e coração, fazendo com que sua tia-avó mudasse o rumo e construísse uma admirada carreira como cirurgiã.

Lembro-me perfeitamente do dia em que ela me revelou o ocorrido. Contou-me sobre sua decisão após a conversa com o amigo cirurgião, um chileno meio carrancudo e possuidor de um senso de humor bem apimentado. O sol estava suave e conversávamos em um bar rodeado por um deque elevado, capaz de proporcionar uma vista deslumbrante. Olhávamos os contornos da Baía de Guanabara ao fundo quando suas palavras entraram em mim como uma repentina rajada de vento, e eu desabei. Mesmo sabendo que não tinha a menor consciência na época, ficou claro que minhas brincadeirinhas de irmão contribuíram para um efeito quase devastador. Foi inevitável sentir uma enorme tristeza por ter colaborado com essa imagem mental que minha amada irmã carregava de si mesma. Nesse caso, os olhares negativos e pouco construtivos de nós, familiares, sobre a sua tia-avó, quase a impediu de se realizar profissionalmente. Foi preciso um outro olhar, o olhar do médico amigo, para que ela despertasse e tivesse uma imagem mais positiva sobre si mesma. Durante a conversa, o coração apertou e um forte abraço aconteceu. Assim foi o meu pedido de perdão.

*Linda história, não é? Aliás, essa sua tia-avó merece mais visitas suas. Apesar de ser meio retraída, ela é apaixonada por você.*

Esse dragão é tão poderoso, que lhe contarei mais uma sobre ele. Aconteceu em uma das nossas unidades; geograficamente a empresa mais distante do nosso grupo e, portanto, administrada de forma bem independente e por um dos nossos sócios. Os resultados daquela faculdade não estavam bons e percebíamos que os gestores estavam paralisados, sem conseguir mudar a situação. Passei algumas semanas por lá, conversando e estudando a situação a quatro mãos com a equipe. Em uma de nossas conversas aconteceu um estalo. Identificamos que havia um padrão nas lideranças, uma forma de agir enraizada nas pessoas que em tudo atrapalhava: a necessidade permanente de controle. Era como se a frase *"o que não pode ser controlado não presta"* estivesse presente na mente das principais lideranças, condicionando seus julgamentos e, consequentemente, suas decisões. Entendemos que essa reação era natural, já que, no passado, essa faculdade havia passado por grandes dificuldades em virtude da falta de controle, não sendo fechada por pouco. A experiência passada enraizou esse condicionamento e, de forma pouco consciente, os líderes que ali estavam bloqueavam todas as ações cuja previsibilidade e controle não os satisfaziam. Tudo que era ideia ou iniciativa nova e cujo resultado não pudesse ser detalhadamente previsto era bloqueada. Como inovar? Ambientes assim punem erros, e sabemos que não há inovação sem risco. É preciso dar espaço para que as pessoas possam testar, errar e, consequentemente, aprender com os erros. Quando se quer ter o controle de tudo, torna-se impossível criar um ambiente criativo e evolutivo. Ao longo das nossas conversas, pudemos perceber que essa forma automática de atuar limitava a direção da empresa e gerava um padrão de barrar todas as iniciativas e ideias que vinham da equipe. Ao jogar luz neste cenário, pudemos agir para mudar, e mudar para atingir o potencial humano daquele time. Como disse o professor, eles tinham suas razões, mas estavam errados.

Amado neto, há uma importante correlação que é simples, mas nem sempre estamos atentos a ela: uma empresa só se desenvolve quando os grupos que a compõe se desenvolvem, e esses grupos só evoluem quando cada individualidade que os compõe também evolui.

No caso da faculdade, a mudança somente iniciou quando trouxemos consciência para aquelas pessoas. Esse foi um grande desafio; mas, após algumas semanas de trabalho, percebi que já poderia deixá-los e voltar para a matriz, apoiando-os de um lugar um pouco mais distante.

Recentemente vi um filme de época em que uma das damas da nobreza estava sendo obrigada a casar com um pretendente bem asqueroso. Ela o rejeitava, mas os interesses da família a impediam de fazer suas próprias escolhas. Em um dos diálogos, um amigo da dama perguntou ao pretendente:

— Você já conversou com ela? Perguntou se a sua escolhida quer ou não se casar?

O pretendente então respondeu:

— Claro que não. Quando vamos negociar um cavalo é costume ir antes conversar com o cavalo?

Tobias, o que essa fala revela? A cena reflete um padrão da época, um hábito de coisificar as mulheres como se elas não fossem seres humanos. Apenas coisas a serviço dos homens e da sociedade. Parece bizarra a cena do cavalo, mas no passado era normal pensar e agir assim, sendo que ninguém se espantava com isso. Hoje esse tipo de fala é inconcebível. Entendemos que o incômodo ao ver uma cena destas é fruto de uma evolução de consciência na sociedade.

Tobias, sabemos que mesmo com alguma evolução, ainda hoje não é difícil constatar o padrão de coisificação do sexo feminino e a crença de que a mulher serve para satisfazer ao homem. Seja pela óbvia constatação da desigualdade das mulheres no mercado de trabalho e do feminicídio endêmico em vários países, inclusive no Brasil; seja por situações menos óbvias, como comportamentos do nosso dia a dia que não reparamos e que refletem de forma velada resquícios desta crença. Será que a incansável busca pelo padrão de beleza ideal e a profusão dos silicones e cirurgias plásticas não são influenciadas por isso? Será que algumas manifestações musicais, supostamente empoderadoras, não estariam reforçando a coisificação feminina? É um tema complexo que não pretendo aprofundar por aqui, trago apenas para jogar luz no quanto um padrão ou crença pode contaminar o pensar, o sentir e o agir de um indivíduo, grupo, empresa ou sociedade.

Isso acontece porque esse condicionamento se faz presente tanto no nível do indivíduo como no coletivo. A empresa, a família, a sociedade são feitas de pessoas e, portanto, também carregam crenças, padrões e hábitos. Nenhum problema com isso, pois há crenças e padrões muito positivos, capazes de sustentar princípios importantes de um organismo social. Nas empresas, crenças conscientes são trabalhadas para caracterizar a identidade organizacional, sua cultura. O problema está na ausência de abertura para o questionamento e o aprendizado. Quando eles se tornam rígidos demais, todos sofrem.

Tobias, outro exemplo desafiador vivenciado em nossa sociedade atual está na forma como enxergamos a natureza. Francis Bacon, criador do método científico que norteou toda a ciência de nossa modernidade, afirmava a necessidade de torturar a natureza para que ela se revelasse ao ser humano. É fácil perceber que estamos colhendo os resultados de tanta tortura que fizemos e ainda fazemos ao meio ambiente.

Há inúmeras mazelas da sociedade que estão relacionadas às crenças, aos padrões e aos hábitos formados no passado, e que ainda não conseguimos superar. O machismo, o racismo, a falta de consciência ambiental, o preconceito em geral; tudo isso está junto e misturado na forma como a sociedade se configurou.

E nós, querido neto, indivíduos do sexo masculino, temos um desafio a mais e um longo caminho a percorrer. Muitas vezes, a necessidade de afirmação da masculinidade nos cega, impedindo-nos de olhar para nós mesmos e para o entorno com empatia.

O cérebro nos foi presenteado; todo ser humano nasce com ele, mas a consciência é uma conquista individual e está além do aspecto físico: é metafísico.

A tomada de consciência é o que liberta. Tomar consciência é um trabalho árduo, porque ele questiona o *status quo*, o que sempre foi assim, o consenso familiar, empresarial e social. Consciência e liberdade não nascem como capim, espontaneamente; são frutos de uma verdadeira lavoura interior, é uma prática que gera incômodos e resistência. Exige que comecemos a trocar o "porque sempre foi assim" pelo "por que não?".

A conquista da liberdade é uma jornada interior. Ser livre é resultado do trabalho do EU consciente sobre nossos condicionamentos e automatismos. Muitas vezes achamos que estamos tomando uma decisão racional, mas ao analisarmos com profundidade a origem desta dita racionalidade, percebemos que ela não é tão racional assim, pois está baseada em crenças, padrões e hábitos que não estão totalmente conscientes. Isso acontece com todos nós.

A liberdade se revela através da gradual e contínua tomada de consciência. Aos poucos vamos assumindo nossa identidade e nos libertando do externo, atuando no mundo alimentados pelo interno. Esse é o grande processo evolutivo, no qual nos oferecemos a oportunidade de não repetir padrões danosos para nós, para os outros, para as empresas e para a sociedade.

Querido Tobias, esse é um dragão que exige uma profunda reflexão: quais crenças limitam você? Quais são os padrões e hábitos que você vem repetindo e que não estão coerentes com o que você genuinamente acredita?

# Três dias e um post-it

Fechei O Livro da Liberdade.

Era noite. Encerrava-se o terceiro dia desde que eu havia descoberto aquele livro de papel pardo. Parecia uma eternidade. Profusão de acontecidos desde que entrei no escritório do avô e deparei-me com aquela estante, com aquele baú. A cabeça e o coração passaram por um rebuliço. Senti a mente voar como se asas tivesse e o peito vibrar como as arquibancadas de um estádio lotado. Conheci algumas sombras, facetas inibidoras de ações realmente livres. Comecei a entender o que significa liberdade.

Via-me em uma maratona. O presente do velho Estevão funcionara como um terremoto. Se com apenas três revelações eu já me sentia diferente, quais outros dragões ele ainda iria desvelar?

O momento não se fazia tensionado, sentia-me razoavelmente confortável. Eu quero ser realmente livre, concluí. A sincronia de um pressentimento de acertamento se aconchegou, percebi que várias portas iriam se abrir. Consegui sentir o futuro no calor das minhas mãos, o desalento pregresso havia cedido espaço para a esperança. Desta feita, sentado naquele sofá, reconheci as decorrências das últimas vivências. Estava exausto. Cansaço de corpo, mente e alma. Precisava de uma longa noite de sono, daquele tipo em que entramos sem hora para sair. Um adormecido de profundidade, capaz de aquietar de todo e ejetar a abelhudice de quaisquer sonhos.

Iria entrar em minha casa como se chega para não ser visto. Precisava da quietude e afundamento imediato na cama. Após a pretendida longa noite de sono, passaria na locadora de carros e iria para São Paulo. Viajar dirigindo para Sampa era uma prática comum quando sentia que precisava de tempo para pensar. Pegar a estrada sozinho por quase seis horas abria espaço numa mente ocupada diuturnamente com o dia a dia da empresa. Dois ou três dias seriam suficientes para visitar alguns fornecedores e clientes, além de conversar com a Nísia e a sua equipe. Levaria várias perguntas na mala. Poderia dizer que essa viagem teria um objetivo de pesquisa, levantaria compreensões de como as pessoas percebiam a empresa e as mudanças vivenciadas. Pressentia que poderia começar a responder minhas perguntas por lá.

Como resgatar a alma do grupo? O que queremos SER? Como incorporar essas facilidades materiais que temos agora com essa força imaterial que tínhamos antes? Era preciso escutar as pessoas, entender o que elas estavam pensando e se minhas percepções estavam em sintonia com as dos clientes, fornecedores e funcionários. Além disso, nada melhor do que começar essa busca longe do Juarez. Tudo o que faço o atrai. Ele fica rondando como mosca na sopa, querendo saber o quê, para quê e por quê. A ida para São Paulo me daria a privacidade necessária para levantar as informações de que precisava. Formaria uma imagem mais consistente dos problemas e, logo após, precisaria organizar as ideias e trazer soluções para a vida prática.

Levantei-me da poltrona e, com um suave beijo na testa, despedi-me de minha avó. Mais do que nunca gostei de ouvir o tradicional *"Deus te abençoe, meu filho"*.

# Boa viagem

O dia amanheceu ensolarado. O despertar foi lento e gradativo, bem diferente do costumaz salto da cama que diariamente fazia. Ao abrir os olhos, lentamente fui percebendo o entorno de uma forma diferente. A pequena escultura de Gandhi em cima da cômoda, o quadro de Francisco de Assis em um jardim de girassóis, uma pilha de livros ainda virgens que se acumulava em uma mesinha de canto.

Acordei sozinho. A esposa estava ausente do quarto. Sua ausência não era algo eventual. Não que ela ficasse muito fora de casa, ao contrário, a esposa estava frequentemente ali. Mas se achava habitualmente faltosa de mim. Havia uma inexistência de ambos. Um vazio entre as almas, um vácuo que não me lembro como se formou. Não havia brigas, discussões; apenas ausência. Tentei gritar em voz baixa algumas vezes, mas não conseguia me fazer ouvir. As palavras que saíam da minha boca se transformavam e chegavam deformadas em seus ouvidos. Falávamos e ouvíamos em línguas diferentes. Sem brigas, apenas incapacidade de compreensão e vácuo.

Hoje, ao olhar aquele quarto, onde todas as noites dormia e acordava, enxerguei coisas que tinha esquecido que havia ali. Apenas meu corpo frequentava aquele local, eu estava fora de lá. Deixava minha alma na porta, esperando o corpo voltar para que eu pudesse me vestir de gente novamente.

Como é intenso aquele pequeno Gandhi na cômoda, como é sutil aquele Francisco na parede. Antes eu os via, mas não os enxergava. Sentei-me na cama e continuei o processo de reconhecimento. O abajur, a poltrona quadriculada, um enorme espelho no canto da parede. Eu os via, mas não os enxergava.

Como se estivesse dentro de uma TV em câmera lenta, arrumei minha mala, tomei banho e fiquei pronto para a viagem. Na mesa de café, a esposa percebeu a falta da ligeireza e perguntou se estava tudo bem, afinal, nos últimos dias eu me mostrava bem esquisito. Sorri para ela. Disse-lhe que não tinha acontecido nada de mal e que realmente eu estava diferente, mas ainda não sabia explicar o porquê. Com um beijo em sua testa, me despedi.

Vesti a estrada e dirigi como um navegante. Fluindo pelo asfalto como se estivesse em ondas a surfar. Os pensamentos se esvaíam e o prazer das paisagens pela janela ia me amortecendo da confusão de pensamentos que se estabelecera. Foram algumas horas de profundo divagar.

Após uma parada para o esticar de pernas e um cafezinho, retomei a viagem mergulhando em uma longa reta. No horizonte, a estrada tocava as nuvens longínquas à frente. Parecia-me que, ao final daquela pista, o carro atravessaria o céu e suas nuvens, continuando a viagem. A trégua de tarefas e compromissos que vivia ali fez emergir algumas cenas na mente. Via-me no escritório da empresa, levando o filho para escola, acordando para ir trabalhar, no almoço de domingo com a família. Sempre célere. Entrando e saindo de compromissos e atividades. Um círculo vicioso, uma encruzilhada de tarefas sem-fim. Lembrei-me do Astolfo, um pequenino hamster que tinha quando criança. Coitado do bichinho, ficava naquela rodinha o dia inteiro, sem parar. Na época, eu não tinha a menor consciência de que deixar um animal em uma gaiola para o bel-prazer humano é o cume do antropocentrismo. Senti-me o Astolfo, correndo na rodinha e achando que iria a algum lugar.

Exercia vários papéis. Era empresário, neto, pai, marido... sempre em atividade, cumprindo tarefas, atendendo pedidos, comparecendo em compromissos. Qual era o meu momento? Momentos de introspecção e reflexão? Eu não tinha tempo para isso, vivia como o Astolfo, acelerado, diuturnamente. Contudo, não há sístole sem a diástole, despertar sem o adormecer, nascente sem o poente. No meio da tarde, o mar de prédios emergiu à minha frente. São Paulo me abraçou com suas intensas avenidas e frenéticos movimentos. Cheguei ao hotel, esvaziei a caixa de e-mails, organizei a agenda e fui dormir. O amanhã seria um longo dia pela frente.

Os compromissos do primeiro dia foram com os fornecedores. Desde a criação da empresa tínhamos construído um forte vínculo com eles. Ao começarmos o empreendimento, partimos da premissa de que um negócio é bom quando é bom para todas as partes. É claro que a compra eficiente se fazia fundamental para que prosperássemos, mas não queríamos esfolar o fornecedor e fazer leilão, queríamos construir uma relação de longo prazo e estabelecer o ganha-ganha. Além disso, a indústria da moda é uma das menos sustentáveis do mundo, sendo responsável por 4% das emissões globais de gás carbônico, 25% da poluição industrial nos oceanos e de muito trabalho exploratório. A escolha dos fornecedores nos torna responsáveis por isso, assim é preciso cuidado e responsabilidade para fazê-lo. Dessa forma, transparência, abertura e empatia foram os ingredientes que nos fizeram selar um saudável elo que transcendia uma relação profissional. Particularmente, cheguei a ficar amigo de alguns empresários que nos forneciam e lembro-me que em uma fase difícil da empresa, quando o caixa não permitiu repor os estoques, foi essa relação que garantiu o fornecimento por meses, até que conseguíssemos acertar as contas com os nossos parceiros.

Além da visita habitual, para tomar conhecimento das novidades e acompanhar o plano de fornecimento, aproveitei a intimidade com alguns para questionar sobre como viam a empresa nesta nova fase, após a entrada do investidor e como estavam percebendo as mudanças e a relação com os novos colaboradores que começaram a trabalhar lá. A colheita foi interessante. No fim da tarde, ressoava em mim uma conversa que refletia o resumo do dia:

— Tobias, vejo que a sua empresa está se desumanizando. Agora só querem saber de números e nos apertam até o momento em que não conseguiremos fornecer mais. Entendemos as necessidades de custo e estamos prontos para caminhar juntos nisso, mas o meu negócio precisa ser saudável também. Eu não posso quebrar para que vocês lucrem mais.

Com aquela frase na cabeça, a sexta-feira terminou com uma pequena salada e uma taça de vinho no saguão do hotel. O sábado seria de visita às lojas próprias e a alguns clientes que revendiam a marca. Nísia chegaria ao hotel às 8h para o café da manhã.

Às 7h45, a diretora comercial já estava a postos no restaurante do hotel. Um vestido vermelho e branco reluzia no meio do salão, o tom aloirado dos cabelos havia ganhado mais intensidade, e o habitual sorriso marcante me recebeu quando cheguei. Seu rosto róseo arredondado estava suavemente mais afilado, sinal de que estava obtendo algum sucesso na sua perpétua briga com a balança. Depois das amenidades, conversamos sobre as visitas que iríamos fazer e as pessoas com quem iríamos conversar. Disse-lhe que gostaria de ouvir colaboradores e clientes para colher percepções sobre a empresa. Além disso, como sábado costuma ser dia de grande movimento no varejo, visitar as lojas seria um bom termômetro para entender se a nova coleção estaria agradando.

O pôr do sol já se mostrava quando finalizamos o intenso percurso de visitas. O fim da rota foi propositalmente planejado para aportar próximo a um convidativo restaurante italiano que tínhamos costume de frequentar: o Dolce Far Niente. Escondido em uma pequena travessa recheada de ipês amarelos, o Dolce é uma preciosidade gastronômica. A ausência de placas e a discreta fachada fazem com que qualquer pessoa passe pela aconchegante casa sem identificar o que é. Mesmo assim, a grande procura por mesas indica que algo especial acontece por ali e, por esse motivo, chegamos cedo para o jantar. Fomos recebidos por um suave perfume de alecrim torrado e o sorriso simpático do proprietário, Enzo Gabriel. Sentamo-nos no jardim, acolhidos por um perfumado e robusto jasmim. Enzo, neto do fundador, administra o Dolce como se fosse sua casa. A cozinha abriga duas tias, que comandam os preparos e afazeres. O salão é atendido pelos primos e, no caixa, sua filha Antonella é a responsável pela operação. Nas paredes da casa é possível viajar pela Calábria através de uma série de fotos, artefatos e imagens da terra natal de seus antepassados.

O ritual gastronômico já havia iniciado quando contei para a Nísia sobre *O Livro da Liberdade*. Entre os antepastos e focaccias, fui calmamente contando os acontecimentos da semana, desde o momento em que encontrei aquele livro. A expressão da minha querida amiga ia se modificando a cada fato. Olhos esbugalhados de surpresa, rosto contraído de tensão e sorriso aberto de expansão foram se alternando a cada instante compartilhado. A história se completou exatamente no término do prato principal, como se tivéssemos planejado usar a sobremesa como fechamento daquela experiência. A conversa tinha sido tão intensa que recorremos a um canolli para adocicar e acalmar a alma.

Depois de tudo contado, falamos do desafio que tínhamos na empresa: resgatar os aspectos positivos da cultura original e a conexão entre as pessoas. O nosso SER. Ao longo daquele dia, ouvimos de colaboradores e clientes opiniões bem parecidas com as que os fornecedores tinham expressado no dia anterior. Tudo o que ouvimos ratificava nossa opinião de que uma cultura materialista estava tomando conta da forma como as pessoas interagiam na empresa, tanto nas relações externas como nas relações internas. O antigo brilho no olhar já não reluzia mais tanto assim. A magia que energizava e inspirava colaboradores, clientes e fornecedores esvaía-se. Estávamos caminhando para sermos mais uma marca diante de tantas outras.

Como executiva sênior da empresa e, principalmente, como grande amiga, Nísia acompanhou todo o percurso de negociação e venda do controle acionário da empresa. Nesse processo, continuei com uma participação razoável, mas não era mais o majoritário. Além disso, retribuí a dedicação e o trabalho de Nísia com um pequeno percentual do negócio. Quando as conversas começaram, entendíamos e concordávamos que um dos pontos que precisávamos melhorar era a gestão financeira. Aceitar a entrada de um investidor visou não somente ao aumento da capacidade de investimento, mas também ao apoio na implementação dessa melhoria. Percebemos no Juarez, então, qualidades capazes de ajudar no desenvolvimento da companhia. Ele tinha a experiência de ser sócio em várias outras empresas, uma sólida posição financeira e nos pareceu uma pessoa ética. Nas conversas durante a negociação, ele valorizava a qualidade das relações, ressaltava que um dos nossos pontos fortes era a conexão que havíamos criado com as pessoas. Com estatura razoavelmente baixa e um andar suavemente arrastado, ele sempre aparecia com uma camisa social meio amarrotada, que não dava para entender se estava para dentro ou fora da calça. Em todos os contatos que tivemos, ele nos passou a impressão de ser uma pessoa simples, apesar de vir de uma família rica e ter herdado uma grande fortuna.

Contudo, após assinar aquele contrato, uma nova face se revelara. Decisões e comportamentos arrogantes mostravam que a simplicidade se resumia apenas no jeito desajeitado de se vestir. Suas intervenções colocavam as relações com as pessoas em segundo plano e, às vezes, eu tinha uma impressão de que ele alimentava uma certa competição comigo. Eu era o CEO, mas ele era o principal acionista. Não podíamos competir, ao contrário, tínhamos que trabalhar uníssonos. Eu havia cometido um grande erro, pois, empolgado com os recursos que iriam entrar e embebecido com os sonhos de crescimento, não tive a calma e o critério necessários para uma pesquisa mais aprofundada de quem ele realmente era.

— Nísia, preciso fazê-lo entender que o dinheiro não é capaz de conectar as pessoas; que não bastam prêmios e promessas financeiras, que as pessoas precisam se perceber fazendo parte de algo maior, algo que alimente a individualidade de cada um. É preciso alertá-lo para o perigoso caminho que estamos indo. Vamos perder nossos talentos e parceiros.

— Discurso bonito, mas há grandes chances de não funcionar. O Juarez é uma águia predadora, não é um pônei fofinho e emotivo. Ele só fala a língua dos números. É preciso mostrar que as vendas estão caindo e que a desmotivação da equipe está dificultando a garra nas lojas, o lançamento de uma coleção mais criativa e o entusiasmo dos clientes conosco. E tudo muito bem fundamentado, Tobias.

— Claro, preciso construir um argumento bem racional. Ele se faz de frio e durão, mas no fundo acho que ele é um cara sensível, vai entender.

— Tobias, você acha que todos são sensíveis. Cuidado com essa pureza toda. Você já se prejudicou muito achando que o mundo é um jardim de girassóis.

A fila na porta do Dolce estava grande e, como já estávamos há algumas horas ali embaixo daquele jasmim, resolvemos fechar a conta para não atrapalhar o negócio do simpático calabrês. Eu retornaria para o Rio no dia seguinte pela manhã, e usaria as horas de estrada para pensar em uma forma de abordar essas questões com o Juarez. O ego do sócio era avantajado e sabia que precisava encontrar um caminho para que aquela conversa não desandasse.

No hotel, antes de dormir, peguei *O Livro da Liberdade*.

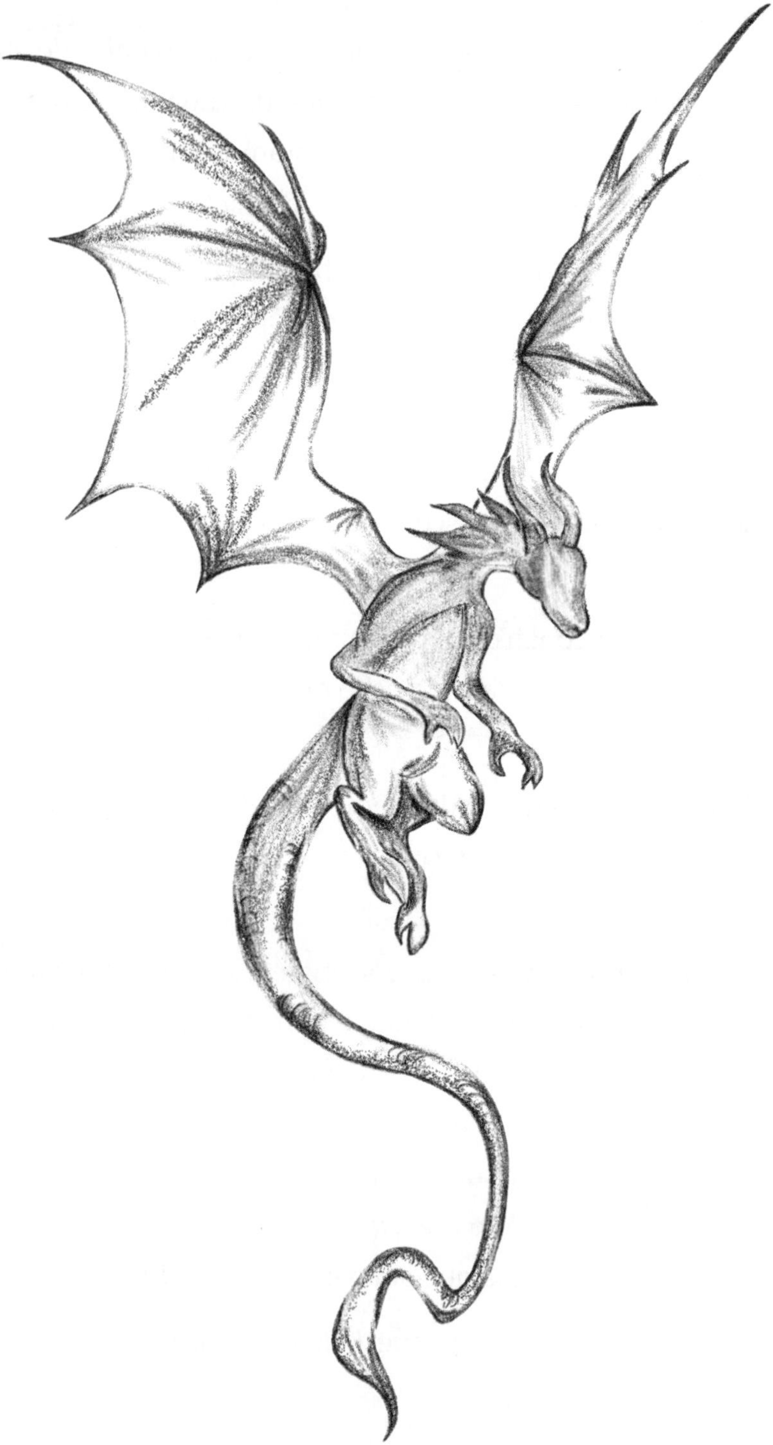

# CAPÍTULO VII

## O dragão das respostas

*"Dois monólogos não formam um diálogo"*

JEFF DALY

Querido neto, o que está acontecendo entre nós dois agora? Mesmo na minha ausência física, estamos estabelecendo um dos mais importantes e pouco compreendidos atos da humanidade: o diálogo. Ressalto que eu sempre quis que meu diálogo com você não terminasse com a minha partida; ao contrário, que ele se transformasse.

Por isso quero lhe fazer uma provocação: o que é um diálogo para você?

Bem, é natural que você diga que é quando duas ou mais pessoas estão conversando. Mas você verá que pode não ser bem assim.

Falo de um diálogo verdadeiro. Não me refiro a uma conversa na qual as partes só querem impor suas ideias. Mas, sim, em um encontro entre dois seres humanos que possuem genuíno interesse um no outro, que querem compreender um ponto de vista diferente do seu para que com isso possam ampliar sua perspectiva ou, de forma compartilhada, encontrar um encaminhamento para algum problema ou situação. O diálogo é o caminho prático para estabelecermos relações saudáveis e empáticas com as pessoas. É apenas por meio dele que nos capacitamos a estabelecer uma relação saudável de troca e um eficaz caminho de aprendizagem.

Há muitos anos, quando a relação com meus sócios não estava em sua melhor fase, fizemos uma jornada de desenvolvimento que durou um ano. Foram cinco imersões de quatro dias cada no Mosteiro de São Bento, na cidade de Vinhedo, interior de São Paulo. O local era mágico, havia uma pequena floresta ao lado das salas de reunião onde grupos de reflexão e trabalho se espalhavam para a realização das tarefas. O nosso despertar ao amanhecer era estimulado por um gongo que ressoava ao longe e colorido pela exuberância dos cânticos de inúmeros pássaros ao alvoroço. Naquela experiência, assisti a uma aula que me fez entender o poder do diálogo. Ao iniciar sua fala, Jair Moggi, professor e coordenador da imersão, nos perguntou:

— Em um diálogo entre duas pessoas, quantas conversas há?

Naturalmente eu e todos na sala respondemos:

— Uma!

Vou tentar ilustrar o que o professor nos trouxe naquela manhã, desvendando que entre duas pessoas há mais do que apenas uma conversa.

Como todos responderam, há a conversa entre as duas pessoas. Essa conversa é bem óbvia e fácil de ser observada. Contudo, há duas outras conversas que não são tão óbvias assim.

Enquanto João e Maria estão conversando, há uma conversa interna de João com ele mesmo e outra de Maria com ela mesma. Portanto, em um diálogo entre duas pessoas há três conversas acontecendo simultaneamente: a conversa de João com a Maria; a conversa interior de João; e a conversa interior de Maria.

O que é externo e visível é a conversa entre os dois. Mas há duas conversas invisíveis e importantíssimas que interferem diretamente na que está visível. Como em tudo na natureza, o invisível articula o visível.

Vou te dar um exemplo hipotético, só para deixar mais claro o que aprendi. Imagine que Maria seja a superior e João seu subordinado. Neste diálogo, as conversas seguem da seguinte maneira.

Conversa exterior entre eles:

João:

— Estamos com um problema com aquele cliente. Mesmo com o prazo estendido em 10 dias, ele não quis aceitar a proposta de compra neste mês. O estoque ainda está alto.

Maria:

— Já imaginava isso, conheço bem ele. Estenda o prazo em mais 20 dias que ele fecha o negócio.

João:

— Está bem. Vou tentar negociar novamente.

Agora, perceba uma possível conversa interna e silenciosa de Maria:

*"Assim o cliente vai fechar o negócio. O problema é que eu sempre preciso resolver tudo. O meu pessoal não tem jogo de cintura para negociar."*

E veja a possível conversa interna e silenciosa de João:

*"Caramba! Ela não faz ideia de como funciona o cliente. É lógico que o cliente não vai fechar o negócio. Vou dizer que está OK e dar um outro jeito."*

Mesmo esse exemplo sendo bem caricato, você provavelmente já viu situações como essa, não viu? Há um filme antigo de Woody Allen, "Annie Hall", que retrata essa situação com muito humor. A protagonista conversa com seu pretendente em um jogo de sedução e, simultaneamente ao diálogo, aparece uma legenda dos diálogos interiores. Falam sobre filmes, arte e outros assuntos intelectuais; porém as legendas revelam diálogos interiores bem carnais (*"estou curioso para vê-la pelada"*). Qual é o desafio diante de casos como o da líder Maria?

Para que o diálogo seja aberto e eficaz é fundamental que essas conversas internas sejam externadas. Que as pessoas coloquem suas verdadeiras opiniões, tenham abertura para falar o que pensam. A superior somente saberá a realidade se conseguir fazer com que a conversa interna do subordinado se revele, concorda?

Mas como trazer essas conversas internas para a mesa?

Para que o verdadeiro diálogo aconteça, é fundamental abrir mão das certezas e julgamentos e ouvir genuinamente o outro. É preciso renunciar a nossa interferência, evitar falar muito e manter um silêncio consciente. Como na canção de Luiz Melodia: "Se a gente falasse menos, talvez compreendêssemos mais."

Essa é a prática que torna possível estabelecer a força interior e que nos capacita a usar a chave que traz as conversas internas do outro para a mesa: a pergunta.

A pergunta é a principal ferramenta de apoio na construção de relações empáticas e saudáveis. É a pergunta que nos abre a possibilidade de entendimento do outro. Somos criados para dar respostas. Na escola, na faculdade, na criação dos filhos, na atuação como líder. Todos esperam respostas de nós. Por esse motivo, estamos sempre prontos para responder.

*O bom diálogo é recheado de perguntas.*

A mudança é uma porta que se abre por dentro, e a resposta é uma solução externa, não é capaz de ajudar a abri-la. Não é a resposta que ensina, mas a pergunta.

Sócrates, o filósofo grego, inventou a maiêutica, um método de ajudar as pessoas a acessarem a verdade por meio de perguntas. Maiêutica vem de "parto" em grego; trazendo o sentido de que as boas perguntas ajudam a parir novas ideias e novas respostas.

Em várias classes em que eu dava aula, usava a pergunta como instrumento de avaliação. A prova que eu ministrava não trazia perguntas. Eu dava-lhes uma folha em branco e escrevia no quadro dois ou três temas. Os alunos precisavam criar as suas perguntas sobre os temas e respondê-las. A nota era uma somatória da qualidade das perguntas elaboradas e das respectivas respostas. Tínhamos resultados incríveis no engajamento dos alunos, no nível de entendimento e na retenção da matéria.

Tobias, confesso que este caso da superior e subordinado é um tanto simplista, mas foi a forma que encontrei para ilustrar algumas das situações esdrúxulas que vivemos no dia a dia. A superior poderia ter perguntado:

— Quais são as principais preocupações ou incômodos do cliente? Quais são os caminhos que os concorrentes estão fazendo? Como poderíamos ajudar o cliente a encaminhar seus incômodos sem renunciarmos à venda de que precisamos? Qual caminho você acha que é mais assertivo para superar esse problema?

# O dragão das respostas

Proteus, filho de Poseidon, era o deus mitológico da mudança. Ele tinha a capacidade desvendar o futuro; contudo, quando era consultado não o revelava. Proteus não dava respostas, mas, por meio de perguntas, ajudava a todos os que vinham até ele a achar seu caminho.

Imagine uma típica situação de conflito entre duas pessoas. O que acontece ali? Normalmente cada parte está convicta de suas posições e tenta convencer o outro, transformando a conversa em um grande bate boca. Ao longo de todos esses anos vivenciei muitos momentos como esse, e é fácil perceber que a situação somente é alterada quando o verdadeiro diálogo se estabelece, ou seja, quando calo minhas explicações e opiniões, quando abro espaço para o entendimento do outro.

Vivemos afogados em opiniões. Redes sociais, conversas de bar, reuniões de negócios, prosas em família e até os jornais, que tinham como função principal dar a informação o mais isenta possível, estão repletos de opiniões. O dragão das respostas empobrece o diálogo e nos aprisiona na necessidade de dizer nossas verdades e de ter razão. A liberdade se dá quando nos permitimos ouvir genuinamente todas as posições e buscamos encontrar a razão onde quer que ela esteja.

Convido você, meu neto, a fazer uma autoavaliação de como está a qualidade dos seus diálogos, sejam em casa, no trabalho ou com amigos.

O que você costuma fazer mais, responder ou perguntar?

# Jardim de girassóis

O madrugar na estrada me deixou chegar antes da hora do almoço de domingo. Ao abrir a porta de casa, meu filho deu um bote. Aquele abraço de completude me ofereceu o universo e, como um bicho preguiça, o menino ficou ao dependuro. Meu andar passou a ser bambaleado e lento. Aquele pedaço de céu emaranhado em meu corpo abriu alegria em meu peito. As conversas foram muitas; era como se enchêssemos um copo vazio. Isso mesmo, um copo vazio de conversas que precisava ser preenchido. Como um conta-gotas de prosa, eu e meu filho fomos nos preenchendo um do outro. Tínhamos saudades. Não era saudade de navegante longe do porto sem dia e hora para voltar, mas uma saudade de quem vive perto. De quem vive tão perto que acha que não precisa se aproximar.

A cozinha seria nosso quintal e os pastéis, o prato principal. O curumim, cujo sorriso preenchia todo o ambiente, estava em êxtase. Ser o ajudante de cozinha do pai e almoçar pastel não era nada mal para aquele domingo que amanhecera despretensioso.

O mais belo do mundo é o que não se pode pegar. Até se pode ver, mas com os olhos de dentro, do coração. O que estaria eu fazendo ao deixar o mais belo do mundo à deriva? Sem navegador, sem timão. Como um barco ao sabor do vento e das tempestades.

Senti que estava a andar com um vírus, que começa pequenino e vai se reproduzindo e se entranhando, tomando conta de tudo.

Entra por cima, pela cabeça, mistura os pensamentos, faz uma confusão. Depois, no tórax, balança os órgãos, aflige o cardíaco e tira o ritmo da respiração. Insatisfeito ainda, o vírus fecha o trabalho com o ataque aos membros, os faz mexer, assim só por mexer, como se eles fossem congelar, caso ficassem parados. Porque os membros não podem parar, é sinal de preguiça e falta do que fazer. Um vírus da ligeireza, que impede de olhar e enxergar, de passar e reconhecer, de comer e saborear.

Decidi que aquele almoço seria preparado bem devagar.

No forno, os pastéis cheiravam a lembranças. Contei ao filhote que aprendi a fazê-los agarrado na barra da saia da sua bisavó. E assim foi, aos poucos, na vagareza que fomos escolhendo os recheios, preparando a receita, cortando a massa, preenchendo um a um, pastel por pastel.

Como o forno estava a fazer o seu serviço, fomos para a frente de casa regar um vaso coberto por espadas de São Jorge. Sua bisavó sempre dizia:

— Nunca deixe de ter essa planta na porta de casa. Ela espanta o mau-olhado e protege a família.

Então, ela pegava uma muda, deixava bem ajeitadinha e entregava para cada um.

— Esse vaso enorme aqui na porta, meu filho, é fruto de uma pequena mudinha que ela me deu há muitos anos — disse eu. Ele ouvia e dizia que quando fosse grande e tivesse sua própria casa iria levar uma mudinha também.

— Posso, pai? Levar uma mudinha para minha casa? — perguntava o menino.

— Claro, querido. Protege a família, meu filho. Espanta o mau-olhado e protege a família — eu respondia.

Com a mesa posta, sentamos a esposa, o filho e eu. Os papos daquele dia foram recheados de presença. Presença de estar presente, de não estar ali pensando em outra coisa. Congelei o vírus da ligeireza e almocei bem devagar. Para conter as respostas, que estavam sempre prontas a saltar, fui um fabricador de perguntas. De vários tipos e tamanhos, como os pastéis que havíamos feito. Perguntas de exploração de acontecimentos, de entender sentimentos, de perceber o significado maior das coisas e até perguntas de confronto, aquelas que fazemos para desafiar.

Meus ouvidos estavam mais escutadores do que nunca; eu escutava com a alma. Aqueles momentos fizeram das saladinhas, pastéis e mate gelado o melhor banquete de todos os tempos. O que é mais belo no mundo não se pode pegar, senti.

# A conversa

O sol nasceu tímido naquela segunda-feira. Escondido atrás das nuvens, tinha sua luz filtrada até chegar a nós. Despertei o filhote e, antes da escola e do trabalho, ganhamos um presente: 45 minutinhos de surf. Abraçados pela natureza, as ondas fluíam suavemente até o banco de areia que se estabelecera na borda da praia.

Chegando do mar, a ducha gelada no quintal e o café da manhã selaram aquele momento, sublime. Como rito final, beijos de até mais e o tradicional *"Deus te abençoe"*.

A conversa com o Juarez seria na hora do almoço, pois a segunda-feira começaria com uma série de reuniões de criação para uma nova coleção. Infelizmente, as tentativas da criação não estavam indo bem, ainda não havíamos encontrado ideias que gerassem algum entusiasmo na equipe.

Às 12h30 estávamos na varanda do restaurante, no Janeiro Hotel. De braços abertos para o Atlântico e com a vista das Ilhas Cagarras, o Janeiro aproveita a poesia visual da orla do Leblon para oferecer uma comida descontraída e saudável. Era um cenário ideal para a intenção de criar um ambiente agradável para uma conversa que poderia ser difícil.

Meu sócio chegou falando ao telefone, olhou-me brevemente como se pedisse licença para terminar a ligação, e sentou-se à mesa concentrado em sua conversa. Sua camisa social branca e meio amarrotada, como sempre, não dava indícios se estava para fora ou para dentro da calça. Aquele jeito desajeitado me incomodava. Éramos donos de uma marca de moda, precisávamos mostrar um mínimo de cuidado ao se vestir. Senti a antipatia subir em meu corpo, como se fosse abalroado por um calor interior. Olhando-o na minha frente, a irritação foi tomando conta quando percebi que estava sendo dominado pelos sentimentos. *"O cara nada falou e eu já estou irritado com ele"*, pensei. Lembrei do surf matinal, do estado de tranquilidade interior que procurei cultivar até aquele momento e dos dragões que havia conhecido até então. Era importante estar preparado para essa conversa, evitar que os meus sentimentos atuassem sobre o que eu iria dizer. Respirei fundo, olhei o mar, havia acabado de tomar as rédeas de mim quando o vi desligar o telefone e me cumprimentar:

— Boa tarde, Tobias. Desculpe-me por ter ficado tanto tempo ao telefone, mas era um assunto urgente. O que nos traz a esse almoço? — disse Juarez se acomodando na cadeira.

— Boa tarde, meu caro. Estive em São Paulo e colhi algumas impressões que acho importante compartilhar com você. Vamos pedir uma entrada ou prefere ir direto para o prato principal? — perguntei.

— Tenho tempo, achava mesmo que precisávamos conversar com calma. Vamos aproveitar para colocar as ideias em dia. Como você é vegetariano, o que acha de pedirmos de entrada esses palitinhos crocantes de batata-doce?

Aceitei a sugestão e a conversa se iniciou sobre as perspectivas econômicas do país e dos mercados. Os assuntos familiares não eram muito comuns em sua comunicação. Com um pouco mais de 50 anos, Juarez era filho único e não tinha prole. Dificilmente comentava sobre seus pais, esposa ou algum familiar; os assuntos do dinheiro lhe eram mais apetitivos. Após uma série de gráficos e cifrões imaginários terem ilustrado nosso papo, percebi o habitual sorriso sarcástico de canto de boca em formação. Um suave embrulho em meu estômago começou a se formar, quando ele comentou:

## O dragão das respostas

— Então Tobias, como foram as visitas nas lojas? Estou sabendo que esse seu jeito de galã abre os sorrisos das vendedoras; não é todo dia que o chefe negão de olhos verdes vai visitá-las.

Aquele sorriso de canto de boca nunca anda sozinho, ele sempre estará de mãos dadas com algum comentário, normalmente nada agradável. Um abre alas para algo inconveniente, a face esquerda de seu rosto enruga e o sorriso aparece no canto de sua boca. Um sorriso sarcástico de canto de boca.

Com um passado escravo, minha família carregava um legado importante: valorizar o estudo e as pessoas. Todos sabem que a abolição da escravatura no Brasil aconteceu sem que houvesse qualquer preparo social ou cuidado humano. Analfabetos, desempregados e sem ter para onde ir, os libertos foram deixados ao léu pelos governantes, indo morar em locais precários e submetendo-se a qualquer meio de subsistência. Sempre foi muito difícil para um negro melhorar de situação, e minha bisavó sempre dizia que a única forma de crescer na vida era se dedicando ao estudo e tratando bem as pessoas.

"Estude e trate bem as pessoas duas vezes mais do que um branco, porque quando o negro faz igual ao branco não é igual; só fica perto de igual quando o negro faz mais ou melhor que o branco", dizia a bisa Amélia.

E foi estudando muito e tratando muito bem as pessoas, de geração a geração, que minha família conseguiu sair de um círculo vicioso de privações.

Mesmo não sendo comum ser um negro de olhos verdes, era algo natural entre nós. Vindos do Congo, na época da escravidão, meus antepassados se miscigenaram com portugueses e espanhóis, resultando neste contraste físico e em uma grande salada de raças. Na família havia brancos, negros e mulatos. Os encontros familiares eram um verdadeiro caldeirão de cores. Acho que essa mistura familiar me ajudou a não me sentir inferior ao lado de pessoas mais claras, pois tive vários amigos negros que exprimiam esse sentimento, um sentir de ser menor, menos importante. Ouvi de uma grande amiga, maltratada pela vida, que era algo que nascia no peito, ia tomando conta de tudo, empoderando-se do corpo e empurrando os ombros para baixo, fazendo abaixar o olhar. Algo que imobiliza e impele a apenas aceitar, bloqueando a expressão, abortando a individualidade. Mas eu não sentia isso, sempre foi muito comum para mim conviver com negros e brancos na família, como iguais, como pedaços de um todo, uma família colorida, como um arco-íris que precisa de todas as cores para ser o que é, para ser inteiro e belo. Meu avô Estevão e a bisavó Amélia também eram negros de olhos esverdeados.

Mas não era por isso que as vendedoras gostavam de mim. Eu as respeitava, as tratava com muito carinho e atenção. Além disso, sempre houve preparo e dedicação em mim, fazer meu trabalho bem-feito as ajudava a vender mais. Estudar muito e tratar bem as pessoas, como dizia a Dona Amélia; essa era a razão das vendedoras gostarem de mim. O Juarez não entendia isso. Ele tinha dificuldades de ver o que não está exposto, de ouvir o não dito. Tudo que ele não conseguia pegar, ver de forma exata era de difícil entendimento. É como se o que não fosse físico e literal não existisse. Era uma pena, já que ele não percebia que o que é mais belo no mundo não se podia pegar.

O silêncio sepulcral se estabeleceu. Um terremoto de irritação se apoderou do meu corpo e da minha alma. Ali não havia diálogo, apenas a conversa interna ressoava em nós. Não respondi seu comentário e me retirei da mesa para ir ao banheiro. No caminho, envolto em uma tempestade de emoções, minha mente proliferava pensamentos. Não quero ser reconhecido por ser um negro de olhos verdes, trabalho para ser legitimado pelo que construí, pelo meu esforço, pelo elo que criei com as pessoas da empresa. *"Esse cara é um babaca"*, pensei com todas as minhas forças.

A pausa para ir ao banheiro não foi suficiente para eliminar o impacto daqueles primeiros minutos com o Juarez. Consegui me acalmar, mas a imagem daquele sorriso de canto de boca e meu sentimento de raiva ainda estavam presentes. Sentei-me novamente à mesa e peguei o cardápio para me distrair e ganhar um tempo até a volta para o assunto principal. Percebido de que não tinha sido feliz em seu comentário, o sócio se manteve calado e, com o cardápio em mãos, fingiu entreter-se também.

Foram minutos de uma pausa desconfortável, até que pedimos nossos pratos e tentamos recomeçar o não começado. Contei da viagem e das conversas que tive com fornecedores, clientes e colaboradores. Citei alguns comentários selecionados que recebi sobre o distanciamento e da percebida desumanização que nossas relações estavam sofrendo. Citei que valorizava os impulsos para uma melhora da gestão financeira, mas que, em paralelo, percebia uma iminente necessidade de nos preocupar com a responsabilidade pelos resíduos que produzimos, com o bem-estar das pessoas que trabalhavam conosco, e com a importância das relações com clientes e fornecedores. Fui pontuando as conversas e reflexões, procurando tomar o cuidado de não transferir para ele a responsabilidade pelo que estava ocorrendo. Até porque a responsabilidade era de nós dois, sócios, sendo principalmente minha, que era o CEO da empresa.

Ao falar, fui me energizando e trazendo consciência para os meus pensamentos, sentimentos e impulsos. Segurei o ego que uivava internamente e me percebi distante da raiva que tivera no início da conversa. Usei perguntas para entendê-lo melhor e senti que era uma grande oportunidade de trazer o Juarez para um novo lugar, ajudá-lo a perceber o valor do intangível, tentando fazer aflorar a sensibilidade necessária para se reconectar com as pessoas e fortalecer a cultura da empresa.

O prato havia sido servido e já tínhamos começado a comer quando terminei de compartilhar o que havia colhido e refletido nestes últimos dias.

— Interessante — comentou ele, brevemente, no final da minha fala. Compenetrado, o sócio não levantou os olhos enquanto se alimentava.

Parecia absorto nos alimentos e nos movimentos do almoço. Silenciosamente terminamos a refeição quando um encontro de olhos aconteceu. Sua expressão se dirigia a mim como se quisesse comunicar algo, quando ele começou a falar:

— Tobias, eu tenho conclusões diferentes das suas. É claro que é importante que os clientes, fornecedores e colaboradores expressem suas ideias e percepções, mas entendo que quando eles dizem que estamos distantes ou desumanizados, eles querem dizer que antes dávamos mais descontos ou não exigíamos preços melhores. Éramos de certa forma paternalistas com eles, agora que apertamos e exigimos mais retorno, eles estão reclamando. Você é muito romântico, Tobias. O mundo dos negócios não é um mar de rosas.

Aquele almoço perdeu o sentido. Um buraco enorme e profundo se abriu abaixo de mim. O vácuo me abraçou e, flutuando no ar, fiquei sem reação. O silêncio nos acompanhou até fecharmos a conta no restaurante e nos despedimos superficialmente. A tristeza me deu as mãos e me acompanhou de volta até o escritório. Chegando lá, resolvi os assuntos emergentes, cancelei os demais compromissos e saí.

Quinze minutos depois, cheguei ao Jardim Botânico, uma das mais belas áreas verdes do planeta, cuja origem se deu no Período Imperial, quando as tropas napoleônicas invadiram Portugal e a corte veio para o Brasil. Naquela época, o Rio de Janeiro se tornou sede do Império português e o chamado Real Horto Botânico foi criado com a finalidade de aclimatar as plantas de especiarias oriundas das Índias Orientais: noz-moscada, canela e pimenta-do-reino.

Atualmente, com quase sete mil espécimes, o Jardim Botânico era o lugar preferido de meu avô.

— Aqui podemos conversar com a natureza — dizia ele.

Sim, ali ele conversava com a natureza. Com as folhas caídas ao chão, com os pássaros construindo ninhos, com o som do vento nas folhagens, era como se ele se esquecesse que era gente e se lembrasse que era, também, natureza.

— Aqui eu sou mais um, apenas mais uma criação de Deus — recitava o avô.

O querido Estevão sempre foi muito atencioso e carinhoso, desde a minha infância até a vida adulta. Brincava, lia histórias, passeava comigo, sempre se fez muito presente. Contudo, ele não abria mão dos seus momentos consigo mesmo. Quando a porta do escritório se fechava, sabíamos que a vitrola iria soar e que ele não queria interrupções. Seu gosto era eclético. As frestas da porta deixavam passar de Mozart a Adoniran Barbosa, de Aretha Franklin a Noel Rosa. Movido pelas notas musicais ou, muitas vezes, pelo profundo silêncio, ele viajava em seus pensamentos, escrevia em seus cadernos de papel pardo ou, simplesmente, deixava a mente vazia ecoar.

— Somente com a introspecção conseguimos separar o que é essencial do resto que apenas ocupa espaço na mente — dizia ele.

A passos lentos, olhei para a alameda à minha frente e parecia estar no coração de um outro mundo. A profunda beleza reluzia de tal forma que deveria congelar aquela imagem. A geometria das bromélias no topo dos galhos e os inúmeros pássaros a bebericar em seus reservatórios criavam um alvoroçar de vida no céu daquelas árvores. A força e a intensidade de um robusto baobá se projetavam a mais de 20 metros de altura, apequenando-me. Estreitos raios de sol transpassavam os elevados galhos e folhagens, criando um jogo de luzes em um solo coberto de cores e flores.

Envolto ainda no verde intenso daquelas alamedas, a vida real me chamou de volta. Veio à memória uma exposição em que estive com o meu filho há uns dois anos: Steve Jobs, o visionário. Como quase todo pré-adolescente, meu filho se tornara um fã da Apple e de seu fundador. Passeamos pela linha do tempo, desde a primeira criação até os dias de hoje, onde ele conheceu a evolução dos computadores e smartphones. Havia, também, uma área de diversos artigos pessoais do fundador com utensílios, livros de cabeceira, cadernos de anotações. Chamou-me a atenção alguns livros esotéricos que havia ali e uma frase de Jobs no canto da sala de exposição: "Se tentar acalmar a mente, ela vira mais inquieta, mas ao longo do tempo sua mente simplesmente fica mais lenta, e você vê uma expansão tremenda." Você vê tanta coisa que poderia ter visto antes. É uma disciplina, você tem que praticá-la.

Respirei profundamente um ar fresco e úmido. O oxigênio entrou intenso e senti uma plena sensação e bem-estar. Veio-me a intuição de que os dilemas e dúvidas presentes em mim iriam se dissipar. Já no final daquela alameda cheguei ao chafariz das musas, uma linda obra constituída por duas bacias e quatro figuras femininas que representam a música, a poesia, a ciência e a arte.

Mais à frente, depois de alguns minutos a lentos passos, sentei-me em um confortável banco de madeira, protegido por uma agradável sombra de uma frondosa jaqueira, bem próximo do Cômoro, onde Dom Pedro I e, logo depois, Dom Pedro II faziam seus lanches preferidos. O local, que fora projetado pelo frade e botânico frei Leandro, servia de conforto para o hábito de se sentar à sombra daquela jaqueira.

Fechei os olhos lentamente, o ar puro me preencheu reciclando o que estava dentro. As angústias e preocupações foram, paulatinamente, despedindo-se. Como em um círculo virtuoso, deixei o ar entrar e sair suavemente, no ritmo de uma música que seria incapaz de decifrar. Absorto, o tempo se apoderou de mim. Perdi a noção e o habitual controle dos segundos, minutos e horas. Amortecido e flutuando no ar puro que eu inalava, caí em um silêncio profundo. Um silêncio que preenchia, pleno e que me tornava quem realmente sou. Senti a presença dos meus antepassados, ali ao lado, preparando o solo, plantando novas espécimes, cuidando de toda aquela vida. Pude sentir os cheiros de terra remexida, de folhagens ao vento e de flores desabrochando. Uma profunda gratidão me envolveu totalmente, me abraçou e me senti sorrindo. O peito se expandiu e a paz se fez presente como nunca havia acontecido.

Abri os olhos e me vi, sentado naquele mesmo banco de madeira embaixo da jaqueira. Parecia que tinha me deslocado, saído para outro lugar. Vendo-me ao longe. Por alguns segundos, me senti um pouco espantado, mas a plenitude e a paz retomaram seu lugar, permitindo um suave despertar.

De volta àquele ambiente, olhei novamente o entorno e agradeci mais uma vez. Agradeci a família que tinha. Agradeci a oportunidade de começar a entender meus pensamentos, sentimentos e atitudes, me fazendo ser hoje melhor do que ontem e pior do que amanhã. Agradeci por estar ali, naquele banco de madeira, envolto naquela infinda beleza. Como é belo tudo isso que vejo. Naquela hora, senti uma suave vergonha pelas vezes que reclamei, pelas vezes que me senti injustiçado e me vitimizei. Percebi um padrão ali, um dragão a ser dominado, pois era comum me vitimizar diante de algum não reconhecimento.

Olhei o entorno, acomodei-me novamente no banco de madeira e abri **O Livro da Liberdade**.

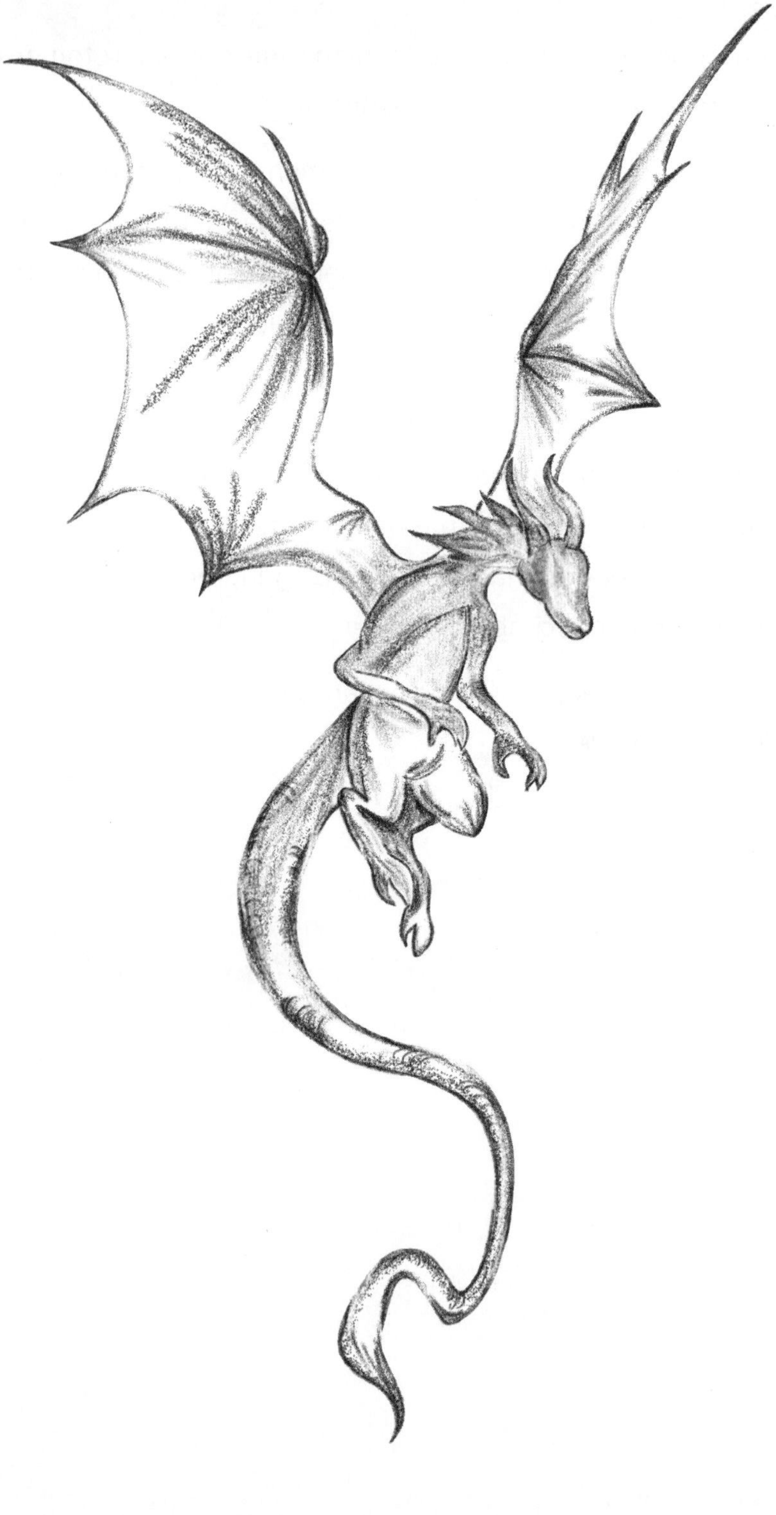

## CAPÍTULO VIII

# O dragão da simpatia e da antipatia

*"Cada um lê com os olhos que tem.*
*E interpreta a partir de onde os pés pisam.*
*Todo ponto de vista é a vista de um ponto"*
LEONARDO BOFF

Tobias, até agora falamos de quatro dragões: ego; vida exterior; crenças/padrões/hábitos; e respostas. Quatro tipos de armadilhas que nos impedem de tomar decisões conscientes e genuinamente livres.

Neste instante, talvez habite algumas perguntas em você: Qual é o momento crítico do processo de tomar decisão? Qual é o instante em que formamos o juízo das coisas? Como identificar esse momento para agir seguro e em liberdade?

Já que esses quatro dragões estão mais claros para você, agora é a hora de conversarmos sobre como o processo decisório se dá em cada um de nós; como formamos nosso julgamento e, assim, podermos perceber caminhos para evitar a decisão automática e sem consciência.

Lembro-me de quando você era pequenino e algo acontecia de maneira diferente do que esperava. Sua reação era imediata. Cruzava os bracinhos, franzia a testa, projetava um bico enorme com os lábios e dizia:

— Não gostei!

Era muito engraçado e você ficava bravo quando ríamos da sua reação. Atualmente isso não acontece mais, pelo menos há muitos anos não o vejo de braços cruzados e com um bico enorme (risos). Mas o mesmo processo que o fazia reagir assim ainda acontece aí dentro, sendo que, agora, sua maturidade lhe possibilita temperar as coisas e evitar uma reação como essa.

Para entender como tudo isso funciona, o primeiro passo é conhecer três dimensões arquetípicas que atuam em nós, seres humanos: **o Pensar, o Sentir e o Querer**. Nesta conversa, vou lhe mostrar o que aprendi sobre o jeito de como essas três dimensões se manifestam e como agimos ou deixamos de agir.

## O dragão da simpatia e da antipatia

Imagine este exemplo: Leonardo tem trinta anos de idade; quando criança gostava de interagir com os amigos, mas, ao longo de seu crescimento, intensificou sua preferência em mergulhar nos livros e estudar. Esse fato o distanciou de antigas amizades e o isolou socialmente, o que lá no fundo o entristecia. Havia sido o melhor aluno da classe e passar no vestibular não foi difícil aos dezesseis anos de idade. No término do curso, recusou uma ótima proposta de trabalho para fazer uma segunda faculdade. Aos vinte e cinco anos e com duas faculdades, Leonardo não teve dificuldades de conseguir um bom emprego. Agora, aos trinta anos, já havia passado por quatro trabalhos diferentes e estava com dificuldades de se manter estável por algum tempo em algum lugar. Sua inteligência notável encontrava um problema para a execução de suas tarefas. Leonardo exigia de si mesmo, até para decisões elementares, pesquisas aprofundadas e estudos, o que lhe impedia de cumprir prazos e atender às demandas do dia a dia do trabalho. Esse fato acontecia até em sua vida pessoal. Precisando comprar um simples aparelho de ar-condicionado para sua casa, havia feito uma completa planilha com inúmeras pesquisas e comparações. Mesmo com as análises de consumo de energia, potência, durabilidade, materiais, serviços ao cliente, preços, prazos de pagamento e manutenção, não tomava a decisão para realizar a compra.

Tobias, você provavelmente conhece pessoas assim, não é? Gente que pensa, pensa, pensa, mas tem dificuldade de agir, de tomar a decisão. São pessoas que vivem no pensar, excessivamente. Argumentam de forma brilhante, têm excelentes ideias, fazem discursos ou escrevem tratados conceituais, mas, muitas vezes, têm

113

dificuldades em fazer acontecer. Quem é assim não raramente ouve comentários como "você vive com a cabeça nas nuvens, reaja!".

Em contrapartida, Clara é pura atitude. Desde pequena, é a primeira a tomar iniciativa quando perguntavam se havia algum voluntário para realizar algo. Quando ganhava um jogo de tabuleiro novo, nem começava a ler as instruções; já queria começar a jogar. "Vamos aprender jogando", dizia ela em seu ímpeto natural. No decorrer da vida, o excesso de iniciativa começou a lhe trazer certos problemas. Desde os trabalhos em grupo na faculdade até os atuais projetos que participa em seu trabalho, Clara tem a fama de ser um trator.

— Sai passando por cima, sai fazendo antes de planejar e alinhar com as pessoas — foi um comentário de um dos colegas de trabalho.

Tobias, esse tipo de pessoa você também deve conhecer, não é? Gente que possui excesso de querer, sai fazendo e não usa a dimensão do pensar como deveria.

Há também aquelas com excesso de sentir, que são pura emoção, tidas como imaturas, superficiais e que muitas vezes reagem de forma explosiva, temperamental, do tipo oito ou oitenta.

O pensar, o sentir e o querer, que vou chamar aqui com você de PSQ, é um conjunto de forças que atuam no ser humano e ajudam a moldar nossas ações. Desde as situações mais simples até as mais complexas.

Todos nós temos essas três forças em atuação, mas é natural que tenhamos uma mais forte do que a outra. Ao longo do tempo é possível percebermos, mesmo intuitivamente, que temos algum excesso ou falta de uma delas. E, com autoconhecimento e a autodireção, vamos nos conscientizando e nos adaptando.

Uma ação prática de liderança é quando percebo que um colaborador é excessivamente pensar e lido com ele estimulando suas forças do querer, entende? Ao notarmos que ele tem dificuldade de ir para ação, posso lhe perguntar, por exemplo:

— Qual é o próximo passo que você dará para que essa ideia comece a se realizar?

Em um outro caso, se a pessoa é excessivamente querer, posso ajudá-la a estimular o pensar, perguntando:

— O que precisa ser feito antes de agir para que você corra menos risco de não se arrepender depois?

Pense agora em você. Qual dessas forças é mais intensa? Você é mais pensar, sentir ou querer? Em momentos críticos, qual é a sua reação natural?

Agora vamos avançar um pouco mais e analisar situações mais complexas. Lembra da história do Massao, o supervisor da gráfica que tirava o couro dos funcionários? Como essas forças agiam nele?

Imagine comigo outros exemplos de ações que vemos acontecer no nosso dia a dia. Por que Joana só contrata pessoas cuja beleza a chama atenção? Por que Maurício sabe que uma determinada mudança na empresa é fundamental, mas boicota todas as iniciativas?

Muitas dessas ações que parecem sem sentido para os outros, mas que também acontecem conosco, são fruto da forma como naturalmente tomamos nossas decisões diárias.

Para ajudá-lo no processo de reflexão e no entendimento dos porquês, tenho trazido imagens para apoiar a elevar o seu nível de consciência para o que está por trás de cada ato. Já que, conforme conversamos, quando não percebemos as causas que determinam as nossas vontades, temos a ilusão de que nossas ações são livres.

Tobias, trarei uma nova imagem para ajudá-lo no entendimento das forças do pensar, sentir e querer.

Perceba essas três forças atuando de maneira integrada, neste romântico caso: A poeta chega no alto de uma montanha e olha um pôr do sol (pensar) + sente-se emocionada e conectada com aquela cena (sentir) + acomoda-se embaixo de uma árvore e escreve um lindo e delicado poema (querer).

Querido Tobias, o que aconteceria se a poeta chegasse no alto da montanha e visse uma tempestade horrível chegando? Certamente ela não se sentiria tão emocionada, talvez brotasse até um medo, não é?

Você concorda que, neste caso, ela agiria de uma outra forma? Ao invés do poema, ela poderia até ter saído correndo dali.

Pois é, um ponto importante desta nossa conversa é o entendimento do momento em que formamos nosso julgamento. Saiba que é a força do sentir que conecta o nosso pensar ao nosso querer e, consequentemente, gera a nossa ação. Como disse Steiner, não fazemos o que falamos, fazemos o que sentimos.

Na primeira imagem, ela sentiu simpatia pelo visual e escreveu um belo poema. Na segunda, ela sentiu antipatia e saiu correndo dali.

Isso acontece porque é na dimensão do sentir que estão as emoções e os valores. Nela reside o sistema rítmico-cardíaco e, sendo ele a ponte entre o pensar e o querer, é a força que nos faz agir ou deixar de agir. Não é à toa que o radical da palavra coragem é proveniente da palavra coração. O sentir está ancorado no presente e costuma navegar entre as polaridades da simpatia e da antipatia. Esse conhecimento ancestral foi redescoberto pela neurociência e foi chamado de emoções apetitivas e aversivas. Platão já dizia que éramos uma carruagem puxada por dois cavalos alados e dirigida por um condutor (EU consciente). Um dos cavalos era manso e dócil (simpatia) e outro bem bravo e agitado (antipatia). É, portanto, uma energia volátil.

É fácil ouvir no dia a dia expressões que sintetizam as qualidades do sentir, como "haja coração"; "estou com o coração na mão" ou "ter o coração partido". Nossas emoções interferem diretamente em nossos pensamentos e, consequentemente, em nossas ações. É intuitivamente óbvio isso, o problema está no fato de que não costumamos analisar o nosso processo decisório e é isso que estou procurando trazer para você com essa conversa. Aquilo de que gostamos ou não, as simpatias ou antipatias, afloram de maneira pouco consciente em relação às pessoas, situações ou aos objetos.

Tobias, agora vamos falar um pouco mais sobre o pensar. Nele reside o sistema neurossensorial, onde se encontra o cérebro, que está presente em todo o corpo através das terminações nervosas. Tudo o que é captado pelos sentidos chega ao cérebro, como o sabor de uma fruta, o som de uma música, a imagem de alguém e o perfume de uma flor. Apesar de nele estarem as qualidades da clareza, consistência, lógica e racionalidade, ele está ancorado no passado e é ali onde estão arraigados os pontos de vista, visões de mundo e conceitos, assim como nossa biografia pessoal e experiências passadas. Se a poeta, quando criança, passou por uma tempestade horrível e sua casa foi devastada pelas chuvas, seria bem natural que, ao ver a tempestade chegando no alto da montanha, ela ficasse apavorada, concorda? Mesmo que nitidamente fosse uma chuva leve, sua experiência passada iria interferir diretamente em seus sentimentos e pensamentos. Na realidade vivenciada por ela, seria uma tempestade perigosíssima.

Querido neto, é muito fácil acharmos que estamos pensando e agindo racionalmente sem perceber que nosso pensar está, de certa forma, contaminado com algo que não é tão lógico ou real. Isso acontece todos os dias e com todas as pessoas. Nossa realidade e racionalidade são muito frágeis, principalmente quando somos arraigados em nossas verdades e não temos o costume de nos questionarmos, de entendermos o que pode estar por trás de nossos pensamentos, sentimentos e intenções.

Se o pensar está ancorado no passado e o sentir no presente, o querer, portanto, ancora-se no futuro. Nele reside o nosso sistema metabólico locomotor, é lá onde estão as forças de transformação. É a força que coloca o pensar em ação.

Fiz uma imagem para facilitar a sua compreensão.

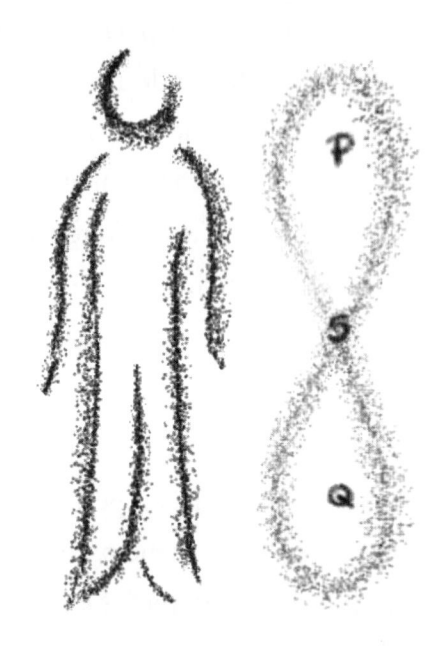

**Pensar:** aqui residem os fatos, conceitos, argumentos, ideias e lógica. Onde o mundo exterior se desmaterializa e se torna imagem interior. Ancorado no passado.

**Sentir:** aqui residem as emoções, valores e vivências. Está constantemente em polaridade: gosto ou não gosto, simpatia e antipatia. Estabelece a ponte entre o Pensar e o Querer. Onde há constante troca com o mundo interior e exterior. Ancorado no presente.

**Querer:** aqui residem a energia, hábitos, instintos e vontades. Onde a imagem interior se materializa no mundo exterior. Ancorado no futuro.

## O dragão da simpatia e da antipatia

Portanto, quando falamos dos padrões e crenças, eles se encontram no nosso pensar. Quando falamos das necessidades, elas se encontram no nosso sentir. Quando falamos das intenções, instintos ou hábitos, eles se encontram no nosso querer.

Observar a "mente", o "coração" e as "mãos" é uma forma de entendermos melhor como esses fenômenos atuam.

Podemos nos perguntar: alguma destas dimensões é melhor ou pior? Certamente que não. O ser humano somente consegue atuar em sua vida prática de forma plena quando entende e equilibra essas três forças dentro de si.

Esse equilíbrio se dá através da atuação do EU que, em estado consciente, age para harmonizar. O processo de autodesenvolvimento é gerado, portanto, através do entendimento de como essas forças atuam e criam os nossos julgamentos. Parar de atuar mecanicamente para observar. Observar para entender. Entender para mudar.

Amado Tobias, como lhe disse, o palco desta integração está no sentir. É o sentir que atua como elo entre o pensar e o querer, é ele que colore nossas ações com a simpatia ou a antipatia.

Eis o dragão da simpatia e da antipatia: os sentimentos que distorcem os nossos julgamentos.

Massao julgava que precisava tirar o couro da equipe. Suas crenças geravam uma antipatia por qualquer tipo de reconhecimento ou ambiente leve, impedindo o julgamento correto e uma ação diferente. A simpatia da Joana pelas pessoas que considera mais bonitas a impede de contratar os profissionais mais competentes para o seu departamento. Maurício não aceita as mudanças porque seu medo gera antipatia por qualquer ação diferente das habituais.

Percebe-se, então, que o agir natural do ser humano é transitar pelo gosto ou não gosto, simpatia ou antipatia. Deixamo-nos ser guiados pelas polaridades e geramos julgamentos incoerentes, nos apegando às nossas verdades.

Desde situações do dia a dia até guerras são decididas por um pensar contaminado pelas simpatias e antipatias. Todas as nossas decisões pessoais e profissionais são ameaçadas por elas. Por isso a humanidade há muito tempo pesquisa a razão de nossos julgamentos e decisões, tendo sido feitos numerosos estudos a respeito, alguns até mesmo agraciados com o prêmio Nobel. Todas essas pesquisas comprovam que, em geral, nossas decisões são pouco (ou quase nada) conscientes. Chega a ser ingênuo uma pessoa achar que suas decisões são totalmente racionais. Se ela não possui um processo consciente de pensar sobre o pensar, questionando-se, reinventando-se, abrindo-se para novas verdades e, principalmente, mudando de opinião, pode ter certeza de que ficará na ingênua ilusão da racionalidade. Somente quando entendemos o que sentimos podemos atuar sobre esses sentimentos.

Querido, é fácil e comum nos depararmos com pessoas crédulas de que suas conclusões e opiniões são baseadas na "realidade". Não percebem que vemos apenas uma parte dela, a "nossa realidade". Nascemos em locais diferentes, vivenciamos situações profissionais e pessoais distintas, viemos cada um de um perfil de família e de educação próprios. Além de ingenuidade, chega a ser egocêntrico achar que a forma como vemos as coisas é a única verdadeira.

Para compreender a genuína realidade é preciso superar os julgamentos e interpretações que habitam em nós. Se isso não for feito, é como se julgássemos o valor da música pelo movimento dos músicos. "É preciso silenciar a razão para entender a razão", afirmava Goethe.

Contudo, há um grande desafio prático nesse caminho: desenvolvermos o "olhar de fora", porque o peixe não vê a água. Enquanto pensamos, esquecemos que estamos pensando. Portanto, é preciso sair do exotérico e reservar tempo, espaço para pensar o pensar, estabelecer um ritmo. "O ritmo substitui a força", dizia Steiner.

As pessoas que fazem um esforço para a autorreflexão e autoeducação conseguem funcionar, em muitas ocasiões, de maneira diferente. Elas substituem os sentimentos da antipatia e simpatia pela empatia. Isso traz grandes consequências para a sua conduta, já que buscam o entendimento do que o outro pensa, sente e quer.

Trabalhar para a compreensão de como essas forças atuam em nós e atuar para equilibrá-las é um desafio da evolução humana.

Um caminho para a liberdade está aí, quanto mais consciente é o julgamento, mais decisões livres tomamos. Pensar, Sentir e Querer livres.

Saber lidar com nossas antipatias e simpatias, buscando conscientemente evitar o julgamento e transformando nossas verdades em empatia, é mais do que uma inteligência emocional, é uma inteligência do espírito humano. Uma inteligência que, além de entender e administrar as emoções, as transforma. Conecta o EU consciente em nossa caminhada da vida.

O professor, amigo e mestre, Daniel Burkhard, costuma dizer que conquistar o equilíbrio entre a simpatia e a antipatia mediante a ponderação é o momento mágico que abre caminho para a liberdade.

Portanto, uma pessoa de espírito livre não se conforma com a escravidão das suas próprias sombras e ilusões. Ela quer algo mais.

Tobias, não é à toa que na entrada do Oráculo de Delfos, dedicado a Apolo, deus grego da luz, do sol e da verdade, está escrito: "Conhece-te a ti mesmo."

*Procuro-te, sempre que me perco*
*Quando olho e não vejo*
*Quando toco e não sinto*
*Quando cheiro e não percebo.*
*Procuro-te, sempre que me perco*
*Quando a ação me cega*
*Quando a ausência me paralisa*
*Quando os gritos me emudecem.*
*Procuro-te, sempre que me perco*

*Meu pensar livre e saudável*
*Joga luz no meu agir*
*Traga paz para o meu sentir.*

*Estevão, seu avô.*

# As pilastras

Já nascemos começando a morrer. A vida é muito breve para termos pressa. É passar por ela sem ver o que está ali, à mostra, como em uma vitrine de doceria. O que é doce precisa de pausa, de saboreio. Sentado naquele banco de madeira, me senti criança. Criança que olha os bombons, sonhos e quindins em cima de um balcão. Salivando com o olhar de desejo.

Deste modo, percebi que ali estava, não como estive antes, estando como se não estivesse. Encerrei a leitura. Deixei ressoar lentamente tudo o que experimentara desde que havia entrado naquele jardim. O banco de madeira, as bromélias no topo dos galhos, as folhagens e o espetáculo de flores e cores no sopé das árvores. Naquele banco, amadurecendo pelo silêncio, me permiti emergir nas insuficiências. Na superfície sempre é mais fácil, um medo surge quando mergulhamos nas profundezas. A regra era o desconforto com tamanha presença. Confinado no ritmo frenético, precisava preencher o dia com algo, mesmo que aquele algo em nada servisse.

"*É preciso prática e coragem para deixar florescer o essencial*", pensei.

As palavras de O Livro da Liberdade foram se acomodando em mim. Sem expectativas de conclusões e acabamentos, relaxei e deixei fluir. Após um breve vazio de pensamentos, a mente serena e o olhar vagante me permitiram ver mais longe. Veio a mim o entendimento de vários comportamentos de meu avô e sua busca pela liberdade interior. Seus momentos de introspecção, seu frequente hábito de perguntas e suas mudanças de opinião. Confesso que, algumas vezes, via naquele empresário uma falta de posicionamento. Carecia de se posicionar, como se hesitasse na decisão. Percebo, agora, que estava a lutar com seus dragões. Abraçado no princípio da liberdade, vacilava na fronteira entre agir ou apoiar a ação. Em contrapartida, a leveza de seu olhar e a delicadeza de suas palavras espelhavam uma profunda sensibilidade e, de forma nem um pouco contraditório, uma grande força interior. Não me lembrava de ver em suas opiniões as amarras de verdades imutáveis. Procurava entender o entorno das situações, dava lugar ao divergente e se prendia aos fatos. Perguntava e perguntava. As opiniões vinham sempre comedidas e nada impositivas. Ele não dizia o que se devia fazer, mas mostrava as possibilidades de atuação. Essa sutil habilidade fez com que sua equipe de trabalho se desenvolvesse; afinal, não há desenvolvimento sem espaço, sem autonomia para atuação. Acredito que, por isso, sua aposentadoria tenha causado pouquíssimos transtornos nas empresas. Ele sabia da importância de tornar o negócio independente.

— O juiz é bom quando não aparece no jogo — dizia ele.

Estevão era um homem sábio, simples e generoso.

Descobri como os meus impulsos originais e os do vovô sempre estiveram em polaridades diferentes. Meu avô possuía um forte pensar. Claramente fazia um esforço contínuo e consciente para colocar no mundo suas ideias e realizar. Rígido com as datas, o velho Estevão colocava cronograma em tudo que fazia, essa era a forma que encontrou para evitar procrastinar a ação. Ele dizia que sem cronograma não conseguia realizar nada, ficava perdido nas nuvens da divagação. Em contrapartida, eu sempre fui puro querer. Pronto para colocar em prática todas as ideias, pecava no planejamento e em uma análise prévia com a devida profundidade. Para frear o impulso das mãos, precisava fazer um planejamento bem meticuloso, que ajudava no desafio de não sair fazendo e atropelando os outros. Chegar ao equilíbrio exigia de mim pisar no freio e, para ele, pisar no acelerador. Éramos polares. Nas prosas, incomum não era ver o vô divagar e, logo depois, eu perguntava:

— E aí, vô? O que fazemos com isso?

Ao que ele respondia:

— Calma, apressado come cru e bebe quente.

Aí que me percebi. Acostumado a realizar e sem dar muita satisfação, meu querer estava sendo combatido pelo Juarez. Será que parte do meu incômodo não seria esse? Um querer pulsante que é forçado a parar?

Uma estória da infância me veio à lembrança: o Mágico de Oz. Lembrei-me do encanto que tinha com o leão, pois era ele quem tomava a iniciativa e salvava o grupo dos principais perigos. Eu me via no leão de Oz, que revelava a força do querer. Engraçado foi perceber o espantalho sendo o pensar; e o homem de lata, o sentir. Na estória, os três atuavam em constante interação para superar os desafios, aprendendo a buscar o equilíbrio. A pequena Dorothy era, então, a busca do Eu consciente, quem trabalhava para equilibrar.

"*Neste sentido, sou reflexo de como essas forças atuam*", refleti. Um leão querendo tomar a iniciativa e sem o costume de ter um sócio para frear os ímpetos do querer.

Concluí, também, que no Juarez habitava um Sentir quase anestesiado, inerte na antipatia de tudo que não era material. Como se o coração não batesse, amortecido e alimentado pelos instintos de conquista. Sendo assim, não se conectava com as pessoas, mas passava a impressão de que os outros eram apenas meios, sempre para um fim de seus interesses.

No trabalho havia um intenso caminho a percorrer e as forças para essa jornada precisavam sair de algum lugar. Como em uma estrutura que cambaleia por causa de uma de suas pilastras, era preciso que as demais colunas estivessem firmes, suportando o peso. O ofício frágil e sem rumo me exigia reforço. A esposa e o filho vieram à mente. Um pilar deixado um pouco ao relento, que ali estava, urgindo para ser resgatado.

Cheguei em casa e me deparei com ela no cantinho de trabalho. Provavelmente em seu ofício de traduzir livros escolares. Absorta na tela do computador, não se apercebeu de mim. O cabelo preso e a pouca maquiagem indicavam que não havia reunião ali, era ela com ela mesma, imersa em arquivos de ofício, garimpando palavras para se fazer entendimento. A luz entrava pela janela e se fazia suficiente. Seu cantinho, regado de claridade, destacava-se pelos vasinhos de suculentas espalhados simetricamente pelo ambiente. A calça jeans e camiseta branca espelhavam a casualidade que nela habitava. Hesitante, dirigi-me ao seu encontro até que, percebendo o avizinhamento, seu olhar se encontrou com o meu. Ela se levantou e, esguia à minha frente, ofereceu-me um abraço. Eu a abraçava para tentar ser dela, um abraço de fome, uma espécie de acolher da alma, que abraça além dos braços. A falta gritava em meu colo, vazio a preencher. Estava ali para misturar as almas, não óleo e água como era costumaz, mas que misturasse mesmo, enchendo-me dela. Contudo, a imperfeição me carregou pelo costado, ainda não era possível tamanha completude. Fitamos um ao outro, com olhos de afeição. Conversamos. Carecia de evitar o ouvir sem escutar ou o escutar sem ouvir. Era preciso lhe falar olhando nos olhos, segurando suas mãos, para que a presença se fizesse presente em cada sílaba. Os dialetos, que desta vez se aproximaram, conseguiram expor algumas revezes e ausências. Ali, se fez possível ouvir um ao outro, pelo menos um pouco. Revelei-lhe os ocorridos e **O Livro da Liberdade**. Os acontecidos do mundo exterior e o que trafegava em mim. Compartilhei algumas poucas certezas e a profusão de dúvidas que permaneciam. Mostrei-me aberto e disposto para um recomeçar, pronto para dissipar a ausência de um no outro e navegar para um novo lugar.

Percebi-a ouvindo com o coração e, dessa vez, ausente de tantas respostas que habitavam em sua voz. Não havia solução pronta, comprada em caixinhas de supermercado. Combinamos que era preciso ir construindo, pé ante pé, dia a dia, sem a pretensão de uma solução instantânea. E assim foi. Quando a luz do dia já se despedia, selamos o renovo com um beijo.

# Os três intentos

No caminho para a empresa, naquela manhã chuvosa, estava ciente de que aquilo ali também se transformaria em um recomeço. A questão não era tentar mudar o Juarez ou aguardar que ele se sensibilizasse. Eu que haveria de mudar a forma de pensar, sentir e querer. Nada iria mudar se eu não mudasse. Eram límpidas as conflitantes visões que tínhamos. Desde os fatores que interferiam na identidade do negócio, na forma de se relacionar com as pessoas até as prioridades de investimento. Havia, sobretudo, dissimilitude de valores. Nossa conversa era curta, como um cabo rijo, aquele que se tenta esticar e esticar, mas, inelástico, ficava quase a romper. Teria que administrar isso, entender o que poderia abrir mão e o que não deveria fazer. Além disso, residia em mim algumas questões relativas à autoridade. Enganava-me na certeza de que ser livre era não precisar dar satisfação para um superior ou acatar alguma determinação. Um entendimento rígido do conceito de liberdade que, agora, precisava ser repensado. Sentia-me confortável apenas em relações horizontais, mas aprendi que esse ideal não era mais possível naquela empresa, afinal, eu era minoritário e o Juarez saboreava o exercício de seu poder maior. Era sabido de que teria de aprender a lidar com a autoridade e trabalhar as minhas outras imperfeições. Portanto, para progredir e dar tratamento, eu havia estabelecido três intentos: a ação correta, o julgamento correto e o progresso correto.

A ação correta se refletiria na contenção de um querer impulsivo e do sair fazendo. Tudo o que eu fosse fazer deveria ser muito bem refletido e planejado. Haveria de andar com o pé no freio. Além disso, deixaria de me vitimizar como um rato acuado ou esbravejar como um cão raivoso. Anestesiar o ego. Precisaria tomar as rédeas e agir integralmente como minha função de CEO exigia, mesmo que dentro das limitações de um sócio minoritário.

O julgamento correto se expressaria na neutralização da frequente antipatia que habitava em mim em relação ao Juarez. Precisava me libertar e buscar aprender algo com ele. O julgamento que eu faria sobre suas ideias e direções exigiria independência de antipatia, desviando as emoções do domínio de minhas conclusões. As relações difíceis podem ser excelentes professoras. Afinal, as pessoas que mais nos incomodam são as que mais precisamos no caminho, pois são com elas que iremos aprender. Seria uma difícil missão transformar a antipatia em empatia.

O progresso correto se realizaria ao me dedicar a fazer o que era possível, evitando a frustração de realizações cuja minha alçada não permitia e cuidando para não fazer nada que se encontrasse além das minhas próprias forças. Não renunciaria aos momentos de introspecção, da vida interior, da auto-observação. Colocaria um ritmo nisso, uma frequência. Olhar para dentro e além do hoje, perceber o que cada situação pode ensinar. Autoeducação para conquistar a autodireção. Aprender sempre, a cada momento, todos os dias.

Absorto nos intentos, entrei no escritório para cumprir a missão. Deixaria o tempo dizer o que fazer mais adiante. Faria acontecer conforme o planejado.

Nas primeiras semanas, notei nos olhares e comentários de aprovação que minha nova postura fora acolhida pela equipe. A segurança do caminho a seguir e a abertura para o aprendizado fizeram uma nova liderança emergir em meus atos. A sexta-feira estava terminando quando vi um Juarez inquieto e pálido em sua mesa. Lembrei-me dos últimos dias, repletos de conflitos e derrapadas nos meus intentos, mas aferi que o esforço para vê-lo de uma outra forma começava a fazer efeito. Apesar das escorregadas, havia vivenciado momentos de superação, de transformar a raiva, de não me deixar acuar, agindo com mais serenidade e observação. Havia colorido as atividades de introspecção da agenda, um vermelho intenso que cintilava impedindo que não fosse cumprido. E assim o fiz.

Ao vê-lo, senti um impulso de chamá-lo para um café sem pauta, desobrigado de qualquer tarefa ou discussão de trabalho, uma simples prosa. Surpreso, ele aceitou, preferindo que fosse fora da empresa. Aquele cantinho do café em nosso andar era bem agradável, mas ficava aos olhares e ouvidos de todos que passavam por lá. Descemos para a rua e caminhamos até o Mônica Café. Ao entrar, ele foi direto para a mesinha no canto da parede, no fundo daquele ambiente recheado de aromas. Sentamo-nos. A própria Mônica veio nos atender. Com seu habitual sorriso, a dona do local era uma peruana repleta de minudências e gentilezas. Era fácil perceber que cada detalhe daquele ambiente fora carinhosamente planejado. Segundo ela, os artefatos foram herança de seus avós, provenientes de Chicama, um pequeno vilarejo de três mil habitantes na região de La Libertad, norte do país. Com sua voz doce e paixão patriótica, Mônica costumava promover sua terra ressaltando que ali habitara uma importante civilização pré-Inca, os Chimus. Há um lindo e poderoso sítio arqueológico, chamado Chan Chan.

— Basta vê-los para perceber que os meus antepassados foram os melhores arquitetos do Peru antigo — afirmava ela.

A pedido do Juarez, a peruana nos trouxe uma chaleira com o perfumado capim-limão. Absorvido pelo aroma, acompanhei-o no chá, sua recente preferência após o temor da cafeína, que estava precisado de reduzir. Aos goles, algumas amenidades foram surgindo. Assuntos de superficialidade que servem de entretido ou que antecipam temáticas mais significativas. Estávamos ali sem motivos, despretensiosos de temas e, pela primeira vez, conversávamos descontraídos e sem alvos.

A prosa se desenrolou como nunca, dentro de uma leveza que ainda não havia ocorrido entre nós. Ineditamente, Juarez perguntou-me sobre meu filho. Sem travas, compartilhei parte das recentes descobertas. Comentei que havia estado negligente em casa desde que assumira o papel de progenitor da empresa. Na família havia um vazio que ainda estava a ser preenchido. Preenchido não só com presença de corpo, mas de alma. De estar realmente ali. Citei alguns dos entendimentos recentes que frutificaram compromissos de muda. Juarez, desta vez atento, ouviu como jamais o tinha visto ouvir. Deduzi que os meus esforços dos últimos dias geraram uma forma diferente dele estar ali. Percebi alma nele. Sim, uma alma obstruída que ele deixara aparecer. Seus olhos entristecidos revelavam outro homem, alguém que permite a fragilidade, a vulnerabilidade, alguém que não precisa estar defendido por uma couraça. Contou-me que teve um filho, o pequeno Júnior. Há quinze anos, quando estavam na estrada em férias, um acidente de carro sucumbiu o menino.

— Estávamos cantando no carro — disse ele. Cantávamos todos juntos, eu, o Júnior e minha esposa — repetia o Juarez. De repente um caminhão atravessou a pista e nos pegou de frente. Meu filho tinha apenas nove anos, somente nove anos tinha o menino — contava Juarez, com uma voz embargada.

O coração me pulou ao peito e meus olhos acompanharam o marejamento daquele triste pai. Tudo lhe faltava, a fração o havia tomado conta. Juarez era um homem pela metade, ao meio. Era possível ver sua parte vazia. Metade homem, metade sofrimento, após a morte do seu pequenino. Um vazio que ecoava o som de nada ser, partido de todo, fraturado. Quem perde um filho assim, vê o nascer do sol, todos os dias, perdendo-o na lembrança. Meus olhos acolheram o sofredor e pude ouvir com o coração cada palavra que ele expelia. A conversa foi esvaziando e esperei-o recuperar as forças. Havia ali uma fragilidade sem-fim. Sua armadura de touro era pura fantasia. Senti, naquele momento, que a paciência para lidar com ele poderia vir da compaixão.

Pagamos a conta e nos despedimos com um leve e harmonioso sorriso. A sexta-feira encerrava a semana e, ávido para rever a família e continuar lendo **O Livro da Liberdade**, já era hora de ir para casa.

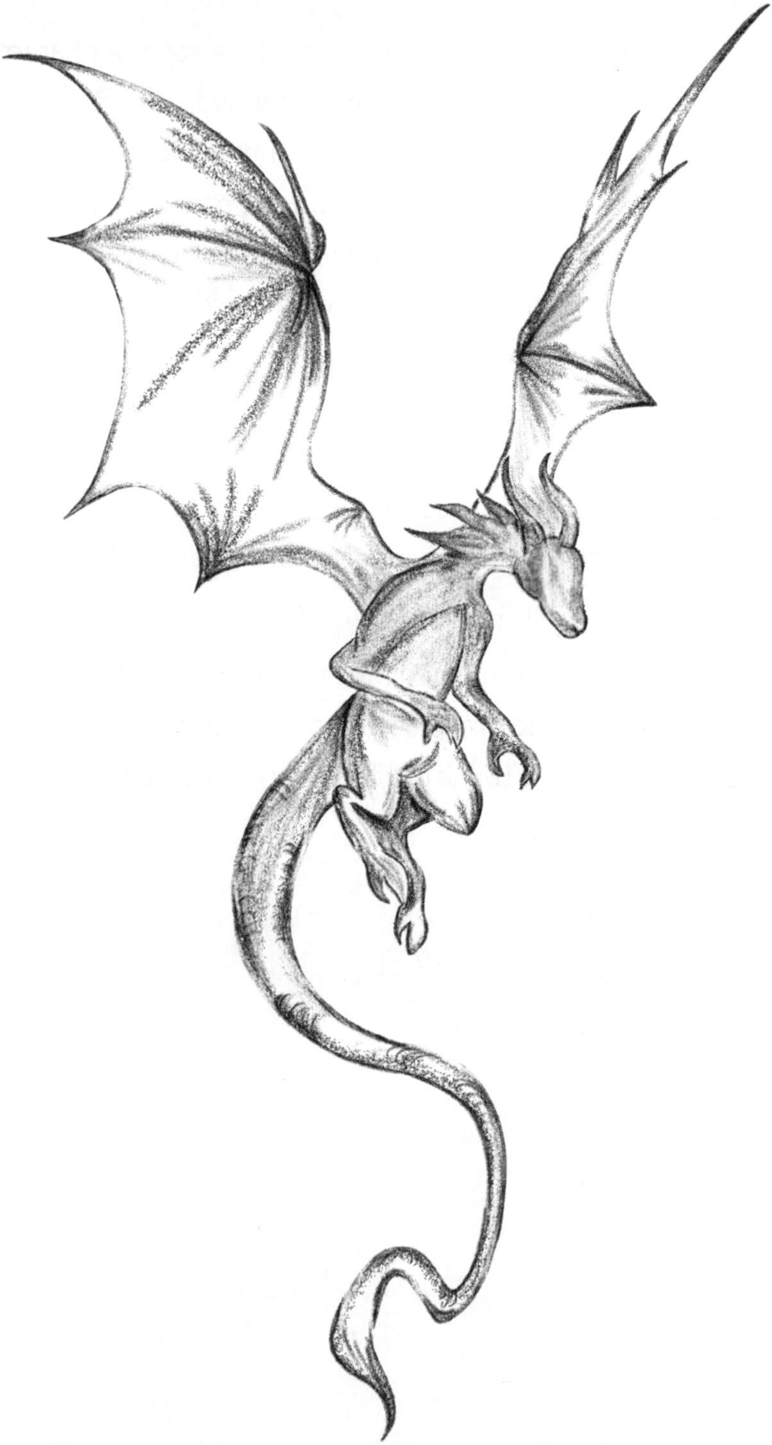

# CAPÍTULO IX

## O dragão da inércia

*"Somos o que fazemos, mas principalmente somos o que fazemos para mudar o que somos"*

EDUARDO GALEANO

Querido Tobias, na sua adolescência, quando você empacava, nada o fazia mudar de ideia. Colocava-se contra tudo e contra todos. O interessante é que em muitas ocasiões eu tinha a certeza de que, internamente, você havia mudado de opinião, mas não tinha maneira que o fizesse admitir isso. Cismava e cismava. Chegava a ser até engraçado, pois isso não costumava a me irritar, sabia que fazia parte da afirmação de identidade que sua idade exigia. Lembro-me de certa vez em que sua avó comentou, preocupada, que ela tinha medo de você crescer tão avesso às mudanças:

— Será que ele vai ficar um adulto assim, Estevão?

Era um dia de domingo, e ela tinha acabado de mudar as mobílias da sala de lugar quando você entrou na casa e foi logo dizendo:

— Eu odiei a sala. Prefiro como era antes, vó!

Sua avó, desenganada, lamentou:

— Esse menino parece velho, Estevão, até o restaurante de domingo ele quer que seja sempre o mesmo.

Eu dei boas gargalhadas e ela não gostou nada disso.

— Isso vai passar, querida — tentava acalmá-la. É coisa da idade — afirmei para uma avó bem desconfiada.

Você já deve ter percebido que nossa conversa de agora é sobre mudança. E o próximo dragão é a inércia que a impede.

Certa vez, ouvi de um professor que a mudança é uma porta que se abre por dentro. Ninguém muda ninguém. A mudança exige uma força interior, ela precisa emergir de dentro. Mas por que é tão difícil mudar?

Como nas leis da física, em que o Princípio da Inércia indica que um corpo em repouso tende a permanecer em repouso e um corpo em movimento tende a permanecer em movimento, nossa tendência natural é resistir a mudanças. Nosso cérebro não gosta delas, o instinto de sobrevivência nos estimula a fazermos sempre do mesmo jeito, ir sempre pelo mesmo caminho. Isso reduz a percepção de risco. Você já se pegou indo para o trabalho e, de repente, se deu conta de que já tinha chegado? Você foi no automático, através de um caminho já conhecido. O cérebro grava essas experiências e estimula a repetição.

Contudo, a mudança é necessária. E é justamente vivenciando o novo que a plasticidade cerebral acontece. Novas conexões realizadas pelo cérebro que nos fazem evoluir, permitindo a aprendizagem ao longo da vida e evitando as doenças cognitivas. Por isso, para superar a nossa inércia natural e nos desenvolver para sermos criativos, é preciso ensinar o cérebro a aprender a aprender.

Em muitas situações é comum uma empolgação inicial num início de um processo de mudança; seja no nível do indivíduo ou de uma organização. Depois os velhos hábitos voltam. Há retrocesso, perda de credibilidade, o sentimento de que não conseguimos começar algo e dar andamento. Quantas vezes começamos uma dieta na segunda-feira e na sexta-feira ela já foi para o espaço? Dieta da proteína, dieta da água. Tobias, lembro que sua mãe tentou tantas possibilidades que acabou em uma dieta paleolítica, inspirada na alimentação dos homens das cavernas, acredita!?

Assim como na vida pessoal, em uma empresa acontece a mesma coisa. Inúmeras soluções milagrosas aparecem e consomem dinheiro e tempo das pessoas. É comum ver uma empresa entrar e sair de um modismo para o outro e ouvirmos pelos corredores: lá vem outra moda que não vai durar nem um ano. Assim embarcamos nos modismos, cada vez um caminho diferente, mas sem colher resultados efetivos.

O próprio Gênesis, a criação na tradição judaico-cristã, revela o desafio humano da mudança. Um grupo de seres espirituais doou substâncias para criar o ser humano com o objetivo de que continuássemos caminhando para a evolução, sempre em mutação, mas a humanidade sente um profundo incômodo e resiste. A impermanência é também um conceito-chave na tradição budista; nada é permanente no mundo. Tudo varia, tudo muda. A história de vida do Sidarta se inicia justamente com essa perspectiva. O príncipe, cercado de riquezas e alheio às mazelas do mundo, viu uma flor murcha e perguntou:

— O que é isso?

Seu assistente então lhe respondeu que tudo na vida era assim, como aquela flor que depois de um tempo murchava. A revelação, que deixou Sidarta curioso, foi fundamental para que ele quisesse ir ao mundo ver as coisas como realmente eram. Fugiu do palácio, virou asceta e se tornou o Buda.

Ao longo da minha vida tive momentos de grandes dificuldades para a mudança. A última e mais intensa foi antes de me aposentar, quando a informática tomou conta de tudo percebi que jamais iria conseguir acompanhar as evoluções tecnológicas que o negócio precisava. Resisti, mas depois percebi que foi um bom empurrão para minha aposentadoria e, desde então, acompanho a tecnologia como um pesquisador, um observador interessado.

*Mas o que está por trás da resistência?*

Mudança é movimento. Para gerar mudança é necessário gerar energia e canalizá-la da forma correta. Assim como a pressão sanguínea precisa existir para que não morramos ou exige-se compressão em um parto para que o neném nasça de sua mãe, não há mudança sem uma tensão inicial. Somente a tensão vence a inércia natural. Como em uma instalação elétrica, sem tensão não há energia.

Resistência zero, além de utópico, não seria nada positivo. A resistência é necessária para gerar essa tensão inicial, para provocar uma análise com a profundidade adequada, se é o caminho certo a seguir. Contudo, essa resistência quando se dá além do limite do saudável, emperra, bloqueia, limita. Com essa perspectiva é que devemos trabalhar para o entendimento das causas da resistência. Trazer consciência da origem, de onde ela se principia.

Tobias, a boa notícia é que é possível usar as forças do pensar, sentir e querer para uma melhor compreensão da resistência, do dragão da inércia. Isso mesmo, é possível entender a resistência à mudança em cada uma destas três dimensões. Se eu entendo o dragão, abrem-se as possibilidades para enfrentá-lo.

## *O que é a resistência no nível do pensar?*

Lembre-se que no pensar habitam as ideias, crenças e convicções. Potenciais limitadores para algo novo. A resistência no nível do pensar acontece quando a mudança gera incertezas e dúvidas.

Quando isso acontece, é comum reações críticas que se caracterizam em frases como "isso nunca vai dar certo" ou "tudo isso é perda de tempo".

Nesse caso, seja para nós mesmos ou para o outro, qual é o melhor caminho de superação? Trazer maior clareza sobre os motivos, riscos, benefícios e consequências. Esse tipo de resistência exige uma maior compreensão da realidade; portanto, questionar a mudança e racionalizar com fatos e informações claras pode ser um bom caminho para tirar os fantasmas que emergem naturalmente em situações como essas. Quanto mais clara e transparente for a situação, menos resistência teremos na dimensão do pensar.

## *O que é a resistência no nível do sentir?*

Recordando a conversa sobre o dragão da simpatia e da antipatia, nessa dimensão residem as emoções, valores, papéis, a autoestima. Por isso, reações de hesitação, insegurança, preocupação e desconfiança se tornam naturais. O ego pode ser um grande limitador nestes casos. "Eu não acho justo", "eu perderei poder se isso acontecer", "eu preciso me sentir reconhecido" são frases que, externadas ou não, emergem e geram reações como a rejeição, antipatia e defensividade. Nesse caso, a mudança precisa passar pelo coração e, para que isso ocorra, o caminho exige muita escuta, envolvimento, experimentação. Além de entender a mudança (pensar), precisamos concordar (sentir). Como no francês, com *coer*, com o coração.

## *O que é a resistência no nível do querer?*

Lembre-se que na dimensão do querer estão os hábitos, instintos, rotinas e capacidades. Os sintomas de resistência nessa dimensão são a paralisia, bloqueio e até sabotagem. Quantas pessoas em dieta já vimos comer uma caixa de chocolate na madrugada? Quantos colaboradores já vimos fazendo a mesma coisa que faziam antes, mesmo após vários treinamentos? A resistência nessa dimensão exige, na maioria das vezes, apoio, exemplo e o desenvolvimento de novas capacidades. O que fazemos quando estamos caminhando com uma criança que está com medo do escuro? Damos a mão e vamos lado a lado. Oferecer ou pedir ajuda costuma ser um bom caminho quando temos dificuldades no querer.

Além de entender (pensar) e concordar (sentir), é preciso aprender a fazer e a criar hábitos (querer).

Tenho viva na memória a minha vinda para a cidade grande com os meus pais. Foi uma decisão difícil para eles. Tínhamos a família toda no interior e uma vida tranquila. Vir para a capital do país com pouco dinheiro gerou uma grande tensão que mobilizou todos nós. Meu pai dizia que aquela mudança era necessária para que pudéssemos ter uma vida melhor. Foram as forças do futuro ajudando a romper as resistências.

Essa tensão inicial, que é comum surgir, muitas vezes faz com que queiramos voltar a como era antes. Ajuda muito ter consciência de que haverá a tensão e que para superá-la será preciso entendê-la com profundidade. Onde o dragão está atuando quando eu abandono a dieta e abro a geladeira de madrugada? Onde ele está quando aquele colaborador continua a fazer tudo como antes, mesmo já tendo sido treinado para fazer diferente?

Tobias, a resistência à mudança é como o medo. O medo é fundamental para a perpetuação da espécie humana. Sem o medo já estaríamos extintos, pois é ele que nos protege dos riscos de vida. Agora, vamos deixar que o medo nos domine ou vamos entendê-lo para integrá-lo em nós?

# Cores e formas

**Fechei O Livro da Liberdade** naquele final de tarde de domingo. O final de semana, dedicado à família, recheou-se de filmes no sofá, praia e almoço com a vovó. Há tempos não havia tantos programas a três. Momentos de vínculo. A sensibilidade infantil do filhote percebeu que algo acontecia, ele emanava uma felicidade intensa pelo ar. O casal, na intenção das melhorias, esforçava-se para reconstruir o desmanchado. Não se podia dizer que falávamos de todo a mesma língua ou que as almas estavam preenchidas um do outro. Mas já havia um começo de recomeçar. Um abeiramento que se aconchegava, aos pouquinhos.

Em um dos passeios, que aspirava a uma água de coco na pracinha, deparamo-nos com uma artista na rua. Seus quadros, dependurados em árvores e cavaletes, construíam uma paisagem repleta de cores. Meu filho, parado na frente de uma grande tela, olhava como quem dentro dela estivesse. Seus olhos, caminhantes nas cores e formatos, rebolavam de um lado para o outro. Parados ao seu lado, fitamos o entusiasmo do menino naquela montanha russa de tintas.

— A arte revela em nós e para nós algo sutil que o racional é incapaz de fazê-lo, é a língua da alma — dizia a artista. Faz-nos ver o invisível, ouvir o inaudível, dizer o indizível.

— A arte nos faz sentir o que somos e o que queremos ser — recitava a artista para o menino.

O filho, alimentado das pinceladas e falas daquela talentosa jovem, me olhou e sorriu. Sua alma, claramente renovada, havia tomado um banho de sensibilidade.

Fazia algum tempo que eu não me alimentava daquele jeito; sentir algo através do sentimento de um artista. Outrora, era habitual visitar exposições, participar de saraus de poesia; eu saía abastecido de plenitude. Ultimamente, as leituras eram as únicas companheiras, não as técnicas, cheias de razões, modelos e estruturas, preferia as que me faziam voar, navegar pelas nuvens das imaginações. Desde que entrei naquele escritório, o livro de meu avô estava sendo meu principal e rico alimento; ouvir sua voz ia me abrindo espaço, arrumando as coisas. Mas o certo é que perdi o socorro da arte pelas andanças da vida. Fácil de perceber que esse extravio é um mal contemporâneo. Atualmente não aproveitamos plenamente o que foi e é transmitido pelos fazedores das artes. A arte nos oferece uma nova didática, uma forma diferente de ver as coisas. Vivemos em um estágio precisado mais do que nunca dessa amplitude. Ali, com meu filho, reaprendi como se alimenta.

— Todos temos um artista em nós mesmos, que podemos ou não deixar aflorar — presenteou-nos a jovem quando já estávamos nos afastando.

*"As coisas mais belas do mundo não se podem pegar"*, pensei.

Na caminhada, viemos os três em prosa sobre os quadros e sua criadora. Momentos sutis que ganhamos de bênção. Lembrei de um amigo teatrólogo, quando afirmava que um ser, ao nascer, recebe uma roupagem para atuar durante toda sua vida e tudo o que ele coloca no mundo é a sua arte, a expressão da sua individualidade.

— Apenas com a criação é que vamos em direção a um mundo mais fraterno — dizia ele.

Após os divertimentos em família, o menino, exausto, adormeceu logo após o pôr do sol. Seus olhinhos suavemente fechados e o leve sorriso na face indicavam uma noite recheada de sonhos. Com um lençol fino e macio, cobri o filhote como em um ritual de bem-querer. O amor, explodindo serenamente em meu peito, envolveu-nos como aquele lençol. Um beijo em sua testa selou a despedida até o raiar do próximo dia.

As semanas iniciaram como uma profusão de assuntos e problemáticas. Os negócios não estavam indo bem e as exigências do ofício desafiavam a todo momento. Tínhamos dois tipos de concorrentes, falavam os corredores. Os que estão lá fora, vendendo seus produtos, e o Juarez. A interferência recorrente exigia, além de superar os de fora, preocupar-se com o de dentro. Duas vezes mais lida. O Juarez estava como um eletrocardiograma, falavam nos cafezinhos. Alguns dias no baixo, acabrunhado e pessimista. Alguns dias no alto, empolgado com algo novo ou alguém de fora da empresa. Seu olhar de superfície via apenas a crosta que estava envolta. Não conseguia mergulhar nos acontecidos, qualquer um que aparecesse com uma solução mágica virava o salvador da pátria. Os minutos de fama duravam poucos dias até que o real aparecesse. Com isso, tínhamos um grande troca-troca de pessoas e projetos. Estabelecer relações consistentes e dar continuidade a algo se torna difícil quando se espera por milagres que saiam de uma cartola.

Nos três intentos, lá estava eu. Na ação, no julgamento e no progresso corretos. Errava, acertava, errava de novo. Todavia, aprendendo. *"A meta era sempre cometer novos erros"*, pensava eu. Errar a mesma coisa, não. Novos erros, dizia eu. Assim os acertos ficam maiores e na balança o ofício sai ganhando.

Os sorrisos sarcásticos de canto de boca não ocorriam mais com tanta frequência. Bem, se existiam, não eram sempre percebidos por mim. Apesar das discordâncias, um relativo respeito mútuo se estabeleceu após aquele café das aberturas. O adormecimento dos meus rompantes de rato acuado ou cão raivoso também contribuíram. O intragável se tornou suportável. Estabelecemos uma rotina semanal de reuniões para ajustar os enviesamentos. Reunião de alinhamento, demos o nome. Havia interesse mútuo em evoluir, mas as réguas e compassos eram muito diferentes. As pessoas ficavam confusas e alguns poucos, mas não menos importantes, faziam apenas o que achavam o que o investidor iria gostar. Puxa-sacos, diziam outros alguns. Desta feita, eu me pendurava em telefonemas ou conversas de café para afagar lamúrias e insatisfações.

— Entendo — dizia eu. Será que podemos ver isso por outro ângulo? O que eu posso fazer para ajudar? — buscava costura em rusgas de interação.

As semanas acabavam deixando a sensação de que tudo poderia ser muito mais aprumado. Eu, esforçado nos intentos, focava fazer acontecer. Sentia-me um jóquei em seu cavalo a saltar as barreiras encarrilhadas.

Um final de semana batia à porta e, pela quantidade de problemas, parecia que ainda era terça-feira.

— O tempo voa — dizia a Nísia no último telefonema do expediente.

Em cólera, a diretora estava com o anímico às alturas. Inconformada com algumas contendas desnecessárias, Nísia chegou a me pedir demissão. Os quatrocentos e trinta e um quilômetros de distância entre o Rio e São Paulo se faziam inexistentes. Em sua ligação, parecia que ela estava ali, ao meu lado, em seu esbravejamento. Os ânimos foram se aquietando à medida que a querida amiga ia se esvaziando da perturbação.

Fatigado das incumbências e carecido de vigor, deixei a empresa sem olhar para trás. A semana intensa havia me impedido de passar na casa da avó e era preciso ver como estavam os acontecimentos por lá. Revigorante, o cheiro de café rodeava sua casa. Passei pela porta da cozinha e ouvi gargalhadas vindo lá do quintal. Sentada de baixo da caramboleira, encontrei a vó na prosa em companhia de uma amiga. As duas velhinhas sorriram ao me ver e encontrei rostos de garotas naquelas octogenárias.

— Olá meu querido, lembra-se da Nazareth? Amiga de outros tempos, Tobias. Há anos não nos víamos — disse a avó cheia de entusiasmo.

— Que maravilha vê-las aqui. Não quero atrapalhar, vocês têm muito o que conversar. Vou dar uma passadinha no escritório do vô — respondi para as meninas.

Entrei no escritório agradado do que vira. A avó no tricote com uma amiga. Um bom começo para deixar de olhar apenas para trás, afastar-se da viuvez. Precisada de desabraçar a melancolia, a avó dava seus primeiros pulinhos. Lindo de se ver. Senti profunda alegria. Sentei-me na cadeira de balanço sabedor que já havia percorrido seis dragões. Andanças de instrução, rumo à liberdade. Sempre a caminho dela, pois a totalidade não me parecia ser possível ainda nesta vida. Sentia-me realmente mais liberto, apesar de entender que ainda havia muitos afazeres por vir. *"Liberdade interior"*, pensei. Estava leve, consciente, compreendedor das causas. Sintomas são apenas indicativos, sinais de que algo está acontecendo. O que realmente importa não flutua na superfície, mergulho é necessário para descobrir. A estante de madeira, ali à frente, prostrava-se solene e professoral. Um monumento à sabedoria. Acomodei-me com uma xícara de café ao lado e abri **O Livro da Liberdade**.

# CAPÍTULO X

## O dragão da tecnologia

*"Existem apenas duas indústrias que chamam seus clientes de usuários: a de drogas e a de software"*

EDWARD TUFTE

Querido Tobias, os meus mais de noventa anos me possibilitaram ver muitos avanços tecnológicos e seus impactos positivos na humanidade. Bem jovem, vi o primeiro carro acessível, o Ford T, que no início do século XX mudou totalmente o conceito de mobilidade urbana. A invenção da penicilina foi outra tecnologia disruptiva. Antes dela, simples infecções e doenças eram grandes assassinas da humanidade. Na década de 1960, tivemos o primeiro homem a conhecer o espaço, um astronauta russo chamado Yuri Gagarin. A partir daí, os Estados Unidos iniciaram uma corrida espacial com os russos que culminou com a invenção da comunicação via satélite, revolucionando a forma de como nos comunicamos. Na década de 1970, surgiu o primeiro computador pessoal. Apesar de ter sido a Apple a popularizar o computador, com seus Apple I e II, foi a Xerox que criou o primeiro deles. O Xerox Alto já possuía a conexão com a ethernet (permitindo criar a internet), imprimia e tinha interface gráfica. No final da década de 1970, surgiu o walkman, feito pela Sony. Foi sensacional ver como aquele aparelhinho portátil e bonitinho mudou a forma das pessoas ouvirem música. A partir daí, era possível ouvir seu artista preferido correndo na praia ou andando de bicicleta. Agora, olhando em volta, já imaginou o mundo sem internet? Pois é, em 1989, quando você ainda era criança, a web foi criada e mudou o planeta de uma forma avassaladora. Tim Lee inventou esse sistema de intercomunicação e conexão entre computadores, que foi chamado de World Wide Web. No início dos anos 2000, vieram o iPod e o iPhone para alterar definitivamente a forma como vivemos. O iPhone sintetizou todas as tecnologias desenvolvidas e as colocou em nossos bolsos, na palma de nossas mãos. Conseguimos imaginar o que seria viver sem um smartphone? É por isso que já virou chavão falar que, atualmente, qualquer pessoa tem mais informação no bolso do que um presidente da república do passado.

Tudo muito interessante; contudo, nos dias de hoje, vivemos um grande paradoxo. O desenvolvimento de novas tecnologias é um impulso ancestral humano que, em sua essência, visa facilitar a vida de todos nós, abrir novas possibilidades, dar mais liberda-

## O dragão da tecnologia

de às pessoas. Mas o que estamos vendo, como desafio de nossa época, é o fato de que tecnologias criadas para libertar estão nos aprisionando, criando dependência. "Somos controlados por equipamentos que nos enganam que estão nos dando liberdade", ouvi de Allan Kaplan.

Havia uma ingênua ideia há alguns anos de que as novas tecnologias viriam para reduzir o trabalho e nos dar mais tempo para desfrutar a vida. Ledo engano. Há e-mails, chats, redes sociais, ou seja, uma profusão de canais de comunicação que nos exigem cada vez mais estarmos presos a eles. A inteligência artificial aprende exponencialmente a manipular as emoções e comportamentos humanos. Os feeds, notificações e mensagens são algoritmicamente criados para nos gerar interesse imediato e capturar nossa atenção. O metaverso emerge como um universo paralelo. Somos usuários de uma indústria inteligente, usuários que precisam consumir e gerar lucros.

Perceba, Tobias, que todos os seis dragões compartilhados com você até agora têm uma origem interior. Contudo, a tecnologia é externa a nós. Um dragão exterior que tem a capacidade de usar os outros seis dragões para nos manipular.

É importante ressaltar que o problema não é a tecnologia usada para nos facilitar e promover a evolução humana em si, a questão central é o perigo de agirmos tecnologicamente, através de um pensar automatizado. Quando somos espelho da tecnologia perdemos nossas qualidades humanas, como a empatia, compaixão, amor e altruísmo.

Vemos isso no dia a dia, através do vício de conferir os likes, dos almoços de família em que todos estão presos às suas telas e ausentes de uma presença genuína, nos ataques e cancelamentos quando o outro tem uma opinião diferente da nossa, no medo de perder algum acontecimento postado, na necessidade de compartilhar o que acontece na vida pessoal ou o que espero que as pessoas pensem de mim. É o dragão da tecnologia usando os nossos outros seis dragões. Alavanca o ego, nos empurra para a vida exterior, estimula a repetição de padrões, provoca para que tenhamos opiniões e respostas para tudo, atiça a antipatia, e alimenta o dragão da inércia.

Mesmo consciente de tudo isso, confesso que eu também me sinto viciado. Fico ansioso para olhar o que a família postou, ver se há fotos dos netos, se alguém mandou uma mensagem. Ao retirar as notificações do smartphone me senti um pouco mais aliviado, porque me angustiava ficar conferindo, a cada minuto, as mensagens de que algo me fora enviado.

É fácil constatar. Há inúmeras pesquisas sérias sobre esse fenômeno, depoimentos de ex-funcionários das grandes empresas de tecnologia, denúncias de como estamos sendo intoxicados e intoxicando as nossas crianças. A inteligência artificial compreende as nossas fraquezas e usa essa compreensão para nos manter colados nas telinhas e nos capturar de volta.

Há uma indústria da distração, pois quando estamos distraídos de nós mesmos consumimos mais e somos facilmente influenciados. Precisamos acordar.

# O dragão da tecnologia

Qual é o papel da tecnologia que desejo em minha vida? Essa é a pergunta que devemos fazer a nós mesmos. Definir o que queremos e não nos deixarmos levar à deriva de nós mesmos.

## *Eu quero que a tecnologia me sirva ou eu quero ser o seu serviçal?*

"As sociedades são impulsionadas pelas tecnologias, mas são definidas pela humanidade", ouvi de Gerd Leonhard, um pensador alemão.

Somos mais do que matéria. A matéria se resume ao nosso corpo físico. Temos vida, emoções e consciência. Os encontros e interações virtuais são importantes e funcionais, mas é fundamental valorizarmos os encontros humanos olho no olho. Necessitamos estar juntos presencialmente para que, além de ver o físico do outro, possamos interagir com os elementos imateriais que nos compõe.

Há inúmeros elementos imateriais atuando quando seres humanos se encontram. Olho no olho, sentindo o entorno, com a percepção atenta. A ciência já nos mostrou que 90% da matéria é espaço vazio, ou seja, somos energia. Estando juntos, captamos a essência das coisas, interagimos integralmente com o outro, desenvolvemos qualidades humanas que nos capacitam a fazer julgamentos corretos e a tomar decisões mais conscientes.

Percebemos isso nas amizades, nas famílias e, também, nas empresas. Mesmo que os ambientes digitais sejam uma excelente oportunidade de melhoria de qualidade de vida, é fundamental que haja momentos de interação presencial entre as pessoas. A criação de ambientes de confiança necessita desta egrégora.

Tobias, mesmo depois de todos esses argumentos, você pode trazer uma visão prática e dizer: eu não preciso saber o que está por trás para usufruir da tecnologia.

Entendo, pode fazer sentido esse ponto de vista. É o que acontece com a eletricidade. Podemos aproveitar seus benefícios sem o entendimento de como ela chegou até nós. Basta ligar um interruptor para usufruir da luz, basta colocar a geladeira na tomada para saborear um suco geladinho. Contudo, quando se trata das tecnologias do universo digital, ao nos eximirmos de entender como as coisas funcionam, estamos aceitando ser induzidos por elas. Estamos dizendo: não me importo em como essa rede social está me usando, eu gosto disso.

Em nossa época, é comum nos deixar levar, pois estamos pouco capacitados para o olhar para dentro de forma objetiva, buscando o essencial. Quando dizemos *"eu gosto disso"*, o que vemos normalmente está na superficialidade, são as paixões, necessidades e impulsos atuando. Não há liberdade e força interior aí. Quando estou atento, coloco limites e não me permito ser usado, estou me educando para a liberdade.

Sabemos como é difícil usar a tecnologia de forma saudável. Eu, particularmente, criei algumas regrinhas e estou tentando colocá-las em prática. Retirei as notificações, durmo com o celular em outro cômodo da casa (comprei até um despertador analógico), não toco no smartphone duas horas antes de dormir e duas horas depois de acordar e limitei o uso das redes sociais apenas ao tablet.

*E você, quais as práticas do dia a dia pessoal e profissional que pode incorporar para evitar ser manipulado?*

# Sete dragões depois

O sétimo e último dragão se foi. Percurso de entendimento. Com ainda poucas páginas para avançar, fechei o livro em um suspiro de satisfação. Deixei a cadeira de balanço e, ao sair suavemente do escritório, percebi que a prosa entre as velhinhas ainda acontecia no quintal. Sorrateiramente, abeirei-me das duas sem ser notado, só para ficar olhando; bisbilhotice de neto enxerido. Senti o coração da avó em batimentos de alegria, enxotando o vácuo da saudade. As estórias de tempos longínquos ganhavam vida de presente e entretinham as duas mocinhas ao ar livre.

— Até mais — disse eu. — Dona Nazareth, venha sempre por aqui.

Minha vó remoçou dez anos embaixo dessa caramboleira — fui saindo aos sorrisos. Ao me despedir, pude imaginar os assuntos que semeara. Deixei ali combustível para, pelo menos, mais duas horas de conversa. Falar de netos é o ofício número um dos avós, pois os filhos dos filhos duas vezes filhos são.

O chegar em casa se deu esfuziante. O filhote ao dependuro estava uma máquina de beijos e seus planos para o final de semana não eram poucos. A escuta atenta da lista de desejos exigiu tempo e nos trouxe o desafio de imaginar como encaixar tantos quereres em apenas dois dias.

— Pegue papel e lápis, filho — foi meu pedido. Precisamos arrumar todas essas incumbências para encaixar no relógio — completei.

— Cabe sim, pai — disse o menino. Olha só, aperta aqui, sai dali, vamos para lá, arruma de cá — planejava o filhote.

No final da lida, o projeto estava pronto aos milímetros. Cada minuto do dia preenchido com um afazer.

— O menino é bom de planejamento — disse eu para a mãe, que observava ao longe. Resta saber se vai sobrar pai vivo no final deste percurso — caçoei com o garoto que cintilava ao meu lado.

Distanciada na observação, minha esposa avizinhou-se até o meu lado. Seus braços abertos me convidaram para um novo, longo e demorado abraço. Repousei ali por alguns minutos, como há muito não reconhecia. Pude sentir seu cheiro entrar em minhas narinas e um calor subir em mim. Usualmente ausente, aquele abraço havia se transformado. Pude perceber que nos preenchíamos de nós mesmos. Suavemente, descobri vida ali, no regresso do abraço de alma que havia se dissipado. Entreolhamo-nos e, marejados, sorrimos.

A intensidade dos programas planejados pelo garoto não ofereceu muito espaço para conversas de casal; foi preciso esperar o sol se pôr para que a exaustão do menino o arremessasse na cama ao sono profundo. Para mim, o cansaço físico no final do dia não chegara junto de qualquer desgaste mental ou emocional. Ao contrário, a fatiga física era acompanhada de plenitude e serenidade. Acomodado no quarto, ao lado da pequena escultura de Gandhi e em frente ao quadro de Francisco com os girassóis, ouvi e com ela compartilhei os desafios, dúvidas e ideias. Os assuntos, alongados pelo interesse mútuo um no outro, racionalizou-me o que intuitivamente já entendia: não me era mais possível vislumbrar um horizonte na empresa. Eu não era um dos que a ausência de futuro serve, daqueles que andam pela vida sem por ela passar. Mesmo que o negócio crescesse e performasse bem financeiramente, as réguas e compassos que ali orientavam eram muito diferentes dos meus. Para mim, era indispensável viver por algo, pelas coisas belas da vida que não se podem pegar. *"A discordância em relação às estratégias ou ações podem ser contornadas e assimiladas"*, refleti. *"Mas quando há fortes diferenças em valores e princípios, nada é capaz de aglutinar"*, concluí. A minha permanência ali era como tentar encaixar um quadrado em um círculo. *"Não encaixa, gera atrito e ambos saem machucados"*, continuei.

— Claro, eu sei que sempre é bom trabalhar com pessoas complementares, diferentes de nós — concordei com ela.

— Entretanto, por mais que eu saiba que há várias coisas que eu possa aprender com o Juarez, temos princípios pessoais e profissionais antagônicos, questões que ferem a substância, os mais íntimos dos valores — arrematei.

— A tensão que o Juarez provoca é o seu motor da mudança — disse ela. Não foi isso que o avô escreveu no livro? Sem tensão não há eletricidade. Tudo isso que está acontecendo te movimenta, Tobias. Tira da inércia, faz pensar e evoluir, pelo menos foi isso que entendi quando você citou alguns trechos daquele livro — contrapôs a esposa, depois do meu longo discurso justificando minha saída da empresa.

As janelas do quarto entreabertas mostravam uma lua crescente rodeada de estrelas. Aquela provocação me alumiou como um arco de luz. O pensamento, imaginava eu, não se fazia contaminado de medos ou vaidades, era um simples entendimento do que vinha da essência. *"O que vem da profundidade não se pode ignorar, se vem límpido e ausente de dragões"*, pensei. Contudo, a sábia provocação fazia sentido. O Juarez era o motor da mudança. O desconforto que me empurrava para atravessar os meus dragões. Além disso, a empresa passava por momentos difíceis, sair agora seria deixar de tentar e até mesmo seria como fugir dos problemas. Mais além, o valor que receberia por minha parte da empresa seria muito aquém de todo o trabalho que havia realizado até então. *"Saio em dois anos"*, pensei. Ficarei dois anos trabalhando no desenvolvimento da empresa, o que me exigiria uma intensa autoeducação.

Seria uma prova de obstáculos. Pois além de tudo, teria que trabalhar uma característica recém-compreendida: a dificuldade de lidar com conflitos. Descobri que o mantra da bisavó, estudar muito e tratar bem as pessoas, fora importantíssimo para nossa família, mas que, inconscientemente, eu havia incorporado à minha personalidade uma certa resistência a conflitos, o que me fazia, muitas vezes, fugir de situações que precisava enfrentar. *"Afinal, é possível entrar em um conflito de forma consciente, saudável e tratando bem as pessoas"*, concluí.

Seguro da ideia, sabia que aquela situação não iria deixar a vida mais fácil. O que fazer agora? Qual seria o caminho adequado? Perguntas companheiras do pernoite.

O sono profundo fez a extensa noite se parecer com apenas alguns minutos. Intenso, o sol radiante invadia e clareava quase que totalmente o meu quarto. Os olhos, já totalmente abertos, refletiam o que se passava na cabeça amanhecida: compreensões arrumadas e a sensação de trilha capinada. Não havia confusão ali. Estava sereno e claro dos caminhos a seguir, como se tivesse me debruçado em uma carta náutica ao adormecer. Com o prumo definido nos pensamentos, o primeiro passo seria compartilhar a decisão com as três pessoas mais próximas na empresa. Amigos fiéis que se dedicaram muito para que a empresa chegasse até aquele estágio. Pessoas que acreditaram em um sonho e me ajudaram a realizá-lo. Havia um compromisso moral ali e eles precisavam ser os primeiros a saber. O segundo passo seria conversar aberta e francamente com o Juarez, propor dois anos de aprendizado mútuo, revalidar acordos de convívio, redesenhar o ritmo de encontros entre nós, combinar a escolha de um sucessor para que pudéssemos deixar alguém preparado para assumir o meu lugar e definir parâmetros para a venda da minha parte ao término do período. O terceiro passo seria tirar as férias que há anos não tirava. O quarto passo era não pensar no quarto passo. Sempre muito planejado, costume adquirido para segurar um querer rompante, eu haveria de abrir mão desse hábito para deixar as coisas fluírem. Não iria me preocupar com o depois. As coisas iriam se acertar e o universo iria me trazer novas possibilidades.

# A notícia

O restaurante estava vazio naquela noite de terça-feira. As cores vibrantes da decoração, refletidas em panos esticados e frutas cuidadosamente esculpidas em madeira, geravam um clima bem sorridente no ambiente. O cardápio traduzia a alegria do cenário em uma profusão de sucos tropicais, pratos leves e petiscos brasileiramente saborosos. Ao adentrar, avistei Silva e Nísia juntos em uma espaçosa mesa redonda, na varanda lateral do restaurante. Após os cumprimentos, acomodei-me com eles e fomos beliscando os aperitivos até que Bruma, a terceira convidada, chegasse. Silva, Nísia e Bruma foram os três primeiros colaboradores da empresa. Apenas com uma ideia na cabeça e algum pouco dinheiro, o trio veio trabalhar comigo sem nem pestanejar. Os primeiros pregos na parede, os primeiros produtos desenvolvidos, as primeiras entregas aos clientes, os três eram pau para toda obra. Nada era difícil com aqueles três, tudo era possível. Tornaram-se amigos, aqueles que a gratidão acompanha de mãos dadas. Boias em naufrágio, força em alavanca emperrada, os três seriam os primeiros a saber dos meus entendimentos.

Ao chegar, sempre atrasada, Bruma era o estereótipo da carioca. Descolada, criativa, morena de praia e sorridente, ela era capaz de se conectar com qualquer pessoa do planeta se fosse preciso. A gerente de marketing dava nó em pingo d'água, tudo era factível nas mãos daquela mulher que, mesmo tendo nascido em berço muito pobre, tinha finalizado duas faculdades e iniciara há pouco um mestrado. Silva era o mais novo, mas sua alma era de um ranzinza de mil anos. Onde ninguém encontrava defeito, seu olhar biônico descobria. Meticuloso, denso, profundo e ligeiramente chato, o rapaz complementava o trio com seu olhar crítico e perguntas que ninguém tinha a capacidade de fazer. A aguerrida Nísia era a mais velha de todos nós. Uma amiga irmã, cujo destino me presenteou e que aprendi a respeitar, admirar e amar.

Com todos à mesa, a conversa se deu alegre e solta. Os sucos de cupuaçu, melancia com água de coco e maracujá com gengibre coloriam e refrescavam a quentura daquela noite. Deixei o papo fluir e não quis jogar uma bomba logo no início da conversação. Fazia tempos que não nos reuníamos, nós quatro. A empresa havia crescido e, cada um em sua área de atuação, trabalhava absorvido do dia a dia das obrigações. A saudade dos inícios se apresentou e as histórias pitorescas que afloravam arrancavam gargalhadas da barulhenta mesa redonda na varanda lateral do restaurante. A sobremesa estava por vir e eu não poderia esperar mais para revelar os acontecidos. Trouxe no anúncio uma sutil retrospectiva, desde que começamos o negócio, o mérito daquele trio, trafeguei até as provações dos dias de hoje.

— Os compassos e réguas não tinham encaixe com o Juarez — emendei dizendo.

— Como em um quadrado, que forçamos encaixar em um círculo — pontuei. Vou focar dois anos, como um projeto com data para expirar — teci o complemento, sendo observado por olhos esbugalhados dos que estavam à minha frente.

O desabafo, que veio junto com um alívio, deixou-os perplexos e um silêncio sepulcral dominou o estardalhaço dos minutos anteriores.

— Essa decisão é minha, vocês estão bem na empresa e sugiro que sigam normalmente — concluí.

O semblante perplexo dos três indicava as razões para tamanha imobilidade diante de uma pirâmide de sorvete e frutas que acabara de chegar à mesa. O derretido da sobremesa já estava tomando conta do recipiente quando a chuva de perguntas começou: Para onde você vai? Tem a certeza de que pretende largar tudo? Vai abandonar seu sonho? E nós, como ficamos?

Algumas respostas eram possíveis, outras não. Contudo, habitava a certeza no coração de que estava a tomar a decisão correta.

— Não vou largar tudo e ir embora — respondi. Ainda não conversei com o Juarez, mas pretendo ficar dois anos e não dois meses, sem prejuízo para a empresa, clientes, colaboradores e o Juarez. Ao contrário, quero focar e ajudar a alavancar o negócio nestes dois anos e conto com vocês — ressaltei. Vocês três são profissionais reconhecidos, tanto na empresa como no mercado, não se preocupem e não revelem isso para ninguém, se vazar desestabiliza tudo — tentei atenuar a natural insegurança que abalava o time.

Monocromático ficou o colorido do jantar, um clima de despedidas de cais de porto. Os abraços apertados se entrecruzaram, incapazes de preencher o vácuo que se formara. Comprometi-me a mantê-los informados.

— Qualquer novidade aviso a vocês — ressaltei. Jamais serão pegos de surpresa, eu sempre falarei tudo que estiver acontecendo — busquei encurtar as dúvidas e vazios.

Os compromissos urgentes impediram uma conversa imediata com o Juarez. Alguns dias se passaram até que eu conseguisse encaixar uma reunião com o investidor. Falaria dos acontecidos e almejava sair do encontro com algumas providências. Naquela manhã, o Mônica Café estava cheio e adentrei sem as costumeiras boas-vindas da sorridente peruana.

— A chefe foi visitar a família — disse uma funcionária. Passará um mês em terras peruanas — falou a mulher, com um olhar fechado e a testa enrugada.

Milagrosamente, Juarez havia chegado antes de mim e aguardava sereno sem o telefone ao punho. Com uma postura frequentemente atarefada e repleto de telefonemas, o investidor costumava sentar como já quem quisesse sair, cumprimentar como quem já quisesse se despedir.

— Bom dia, Juarez. Como está? — saudei o sócio.

— Bem, Tobias. Gostei tanto de ter vindo aqui na última vez que até cheguei cedo hoje — caçoou de si mesmo.

As risadas se encontraram e percebi que ele sabia sorrir. Não aquele sorriso oco de canto de boca, mas um sorriso inteiro, com completude de sinceridade. Em meio às gentilezas, algumas amenidades aqueceram as preliminares.

— Juarez, percebo que nossa relação tem evoluído e fico muito feliz com isso — abri a conversa. Contudo, nestes tempos, como compartilhei com você em nosso último café, tenho repensado vários aspectos da vida e chegado a conclusões importantes. Vejo qualidades em você e acredito no futuro da empresa, mas uma das conclusões é o fato de que somos muito diferentes, pensamos o negócio em caminhos distintos — pontuei. Não que eu ou você estejamos certos ou errados, apenas temos princípios que não convergem. Passei muito tempo me lamentando ou tentando mudar sua forma de pensar, impulsos sem sentido — reconheci. Entendo que preciso abrir caminho para você levar a empresa aonde acha que deva levar. Quero vender minhas ações e fazer uma transição tranquila que não prejudique a você, as pessoas e a empresa — falei pausadamente, mas em tom de desabafo.

# O dragão da tecnologia

O nervosismo da situação se revelava no suor do momento. Puxei o ar com potência para os pulmões compensando a fala sem muito oxigênio.

Os olhos do investidor nada me revelavam, parecia que eu olhava para um refrigerador de emoções. Imaginei a máquina tomando lugar do ser que ali estava, à minha frente. O coração se transmutando em um motor de quatro tempos, o sangue em combustível e membros em robóticas estruturas metálicas. A imagem, como naqueles brinquedos dos parques de diversão, estava a tirar-me o domínio dos julgamentos, e a antipatia emergia como de costume. Um nervoso piscar de olhos e coçadas de nariz me acometeram, mas um despertar me levou de volta àquela mesa do Mônica Café. Calmamente, Juarez finalizou seu café e respondeu afirmando que aquela atitude era uma grande burrice.

— Isso mesmo, uma burrice muito grande — confirmou ele.

Ele só compraria minhas ações por um preço muito baixo.

— Você vai perder muito dinheiro com isso, Tobias. Muito dinheiro — reafirmou Juarez. Além disso, o que você vai fazer? Você sabe que, contratualmente, se você sair da empresa não poderá trabalhar em qualquer outro negócio de sapatos pelos próximos cinco anos — pontuou o sócio, como se o mercado de sapatos fosse a única possibilidade de trabalho no planeta.

— Você está certo, Juarez. Por isso tenho uma proposta — disse ponderadamente causando um rápido espanto no olhar do sócio. Dois anos. Sugiro que façamos um acordo para um projeto mútuo de dois anos. Na verdade, tenho um convite para você. Vamos alavancar essa empresa juntos por dois anos?

Um formigamento tomou conta do investidor. Sempre com a mesma aparência estanque em quaisquer situações difíceis, seu rebuliço na cadeira revelou que realmente estava surpreso e, de certa forma, desconfortável. Percebi seu intenso diálogo interno borbulhante como água fervente. Ele planejava as palavras para não despejar.

— O que quer dizer com isso, Tobias?

— O convite é que coloquemos nossas energias juntos por um período de dois anos. Após esse período, eu saio do negócio. Para isso, precisaremos restabelecer acordos de convívio, compartilhar de forma transparente incômodos, identificar o que em nós converge e recriar uma rotina de encontros de conexão entre nós dois. Isso vai exigir um esforço mútuo. No final do período, se tivermos êxito, teremos um negócio fortalecido e melhores resultados financeiros. O que acha? — detalhei a proposta, trazendo a perspectiva material como um gancho no final.

A conversa, que se estendeu por mais uns 90 minutos, até que não fora uma das piores, como aquelas que gostaríamos que não tivesse começado. Concentrei-me no processo de trabalho, mas, por insistência dele, fechamos valores futuros em metas e condições de compra da minha parte. Percebi que esse desafio de dois anos lhe acendeu a alma, de certa forma fiquei surpreso com isso.

Seus olhos brilhavam enquanto rabiscava números no guardanapo de papel. E assim foi, um acordo selado em guardanapo de papel. Algumas ideias ficaram no ar e encerramos a conversa que haveria de ser retomada uma semana depois, naquele mesmo lugar.

Após a despedida, permaneci naquela mesa, alheio ao movimento da cafeteria peruana, para dar início ao último capítulo de **O Livro da Liberdade**. Ao vê-lo sair, percebi no Juarez a mesma camisa amarrotada, meio para fora e meio para dentro da calça. Ao sentir que o fato em nada mais me incomodava, deixei escapar um leve sorriso no rosto.

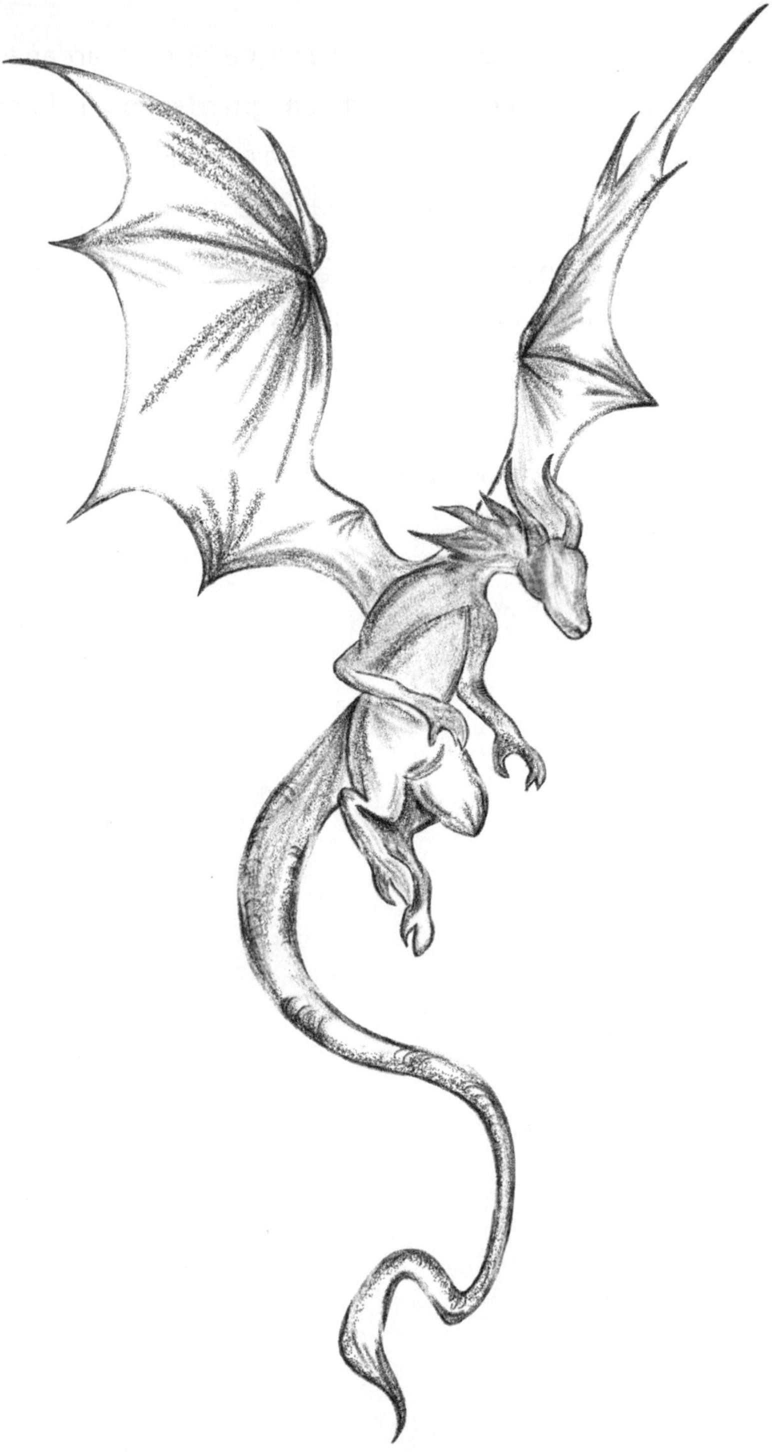

## CAPÍTULO XI

# O pensar com o coração e o sentir com a razão

*"O que quer que afete a um diretamente, afeta a todos indiretamente. Eu nunca poderei ser o que eu devo ser até que você seja o que deve ser. E você nunca poderá ser o que deve ser até que eu seja o que devo ser"*

MARTIN LUTHER KING

Tobias, estamos chegando ao final desta viagem que tanto desejava fazer com você. Navegamos até aqui refletindo sobre como cada dragão atua em nós. Tudo isso para construir uma jornada de autoeducação e autodireção para a liberdade individual.

Agora, com os meus mais de noventa anos, você acha que me sinto um ser humano totalmente livre?

Claro que não! Estamos em uma jornada que, como já deve ter percebido, é sem fim. Durante nossa vida, independentemente da idade que tenhamos, sempre haverá um passo a ser dado para o desenvolvimento. "Benditas coisas que eu não sei, meus verdes ainda não maduros", como na música de Zélia Duncan e Mart'nália.

*Ação não é movimento. Posso repetir tudo sempre do mesmo jeito quando paro de aprender; é como se parássemos de viver e apenas sobrevivêssemos repetindo o que fomos.*

Nesse contexto, ao caminharmos na direção da liberdade vencendo nossos dragões ou, pelo menos, aprendendo a conviver com eles para que não nos dominem totalmente, algumas questões começam a nos incomodar ainda mais. São perguntas que surgem naturalmente em nossa mente e coração.

É possível usufruir da liberdade se há um vizinho em sofrimento? O que posso fazer para contribuir com o meu entorno?

Há uma lei na alquimia que diz o seguinte: "Somente podemos juntar o que está devidamente separado." Neste sentido, quanto mais compreendemos nossa individualidade, mais nos aproximamos de uma atuação coletiva. Cria-se, então, um poderoso círculo virtuoso: quanto mais me desenvolvo para ser melhor e genuinamente livre, mais capacitado estarei para fazer o bem ao coletivo e, quanto mais eu fizer bem ao coletivo, mais pavimentado será o meu caminho de desenvolvimento. É um círculo Divino, amado Tobias.

E assim vamos criando as capacidades interiores que nos fortalecem e abrem caminhos para superar os sete dragões: ego, vida exterior, crenças/padrões/hábitos, respostas, simpatia/antipatia, inércia e tecnologia.

Ao navegarmos nessa direção, ampliamos nossa percepção e empatia. Percebemos que somos mais de sete bilhões de pessoas no planeta que precisam se alimentar, viver e, além disso, se realizar como indivíduos. Todos fazendo parte de uma grande teia, na qual estamos todos interligados e em intensa dependência mútua. Uma gripe em Mianmar pode afetar todo o mundo. Um problema ambiental no Brasil pode impactar toda a face da Terra. Ao escrever este livro, olho para o papel, para a caneta e a luminária ao lado. Quantas pessoas e quantos lugares estão envolvidos nesse trabalho?

Percebemos também que não há vencedores solitários no jogo da civilização. Só será possível uma vitória coletiva, alcançada por meio da colaboração e da fraternidade. Nossas escolhas de hoje são o nosso amanhã, como representado pela *tjuringa*, objeto sagrado utilizado pelos aborígenes australianos que finaliza o roteiro do Museu do Amanhã, na Praça Mauá, zona portuária do Rio. A *tjuringa*, na tradição aborígene, tem a função de costurar o passado e o futuro e está ali no museu para ajudar aos visitantes a compreenderem que uma atitude individual pode impactar o outro lado do mundo, e que o futuro da humanidade está nas mãos de cada indivíduo.

Se isso faz sentido para você, então compreende que a humanidade somente poderá usufruir da plena liberdade se todos tiverem acesso a ela. Dessa forma, surge aí um desafio prático: como considerar essa grande conexão em nossas ações do nosso dia a dia?

Assim como somente a liberdade do pensar é capaz de nos abrir as portas do desenvolvimento, um caminho prático para que nossas ações contribuam para um entorno melhor é a fraternidade no agir. A fraternidade é um princípio que possui algo de superior em nível de consciência. Ela é uma evolução da individualidade humana em relação ao egoísmo. Ela se materializa quando entendemos que somos parte de um todo e que nada adianta eu me fortalecer se o outro está fragilizado. Acontece quando há a satisfação das nossas necessidades, com a maximização do proveito de cada um, sem que o próximo seja prejudicado. A fraternidade amplia sua força de ação quando pensamos com o coração e sentimos com a razão.

### *Pensar com o coração e sentir com a razão?*

Sim, meu querido. Primeiramente é preciso distinguir a diferença entre a razão e o intelecto. A razão sempre pergunta o porquê das coisas: como eu cheguei ao julgamento, se há algum dragão por trás do que penso, sinto ou quero. O intelecto não pergunta isso, não questiona a origem, possíveis dragões que me fizeram concluir algo, ele parte do pressuposto de que as premissas estão certas. A razão se alcança por meio das perguntas, da investigação. O intelecto é egoico, apenas procura encontrar respostas, baseia-se em alguma definição já estabelecida e a assume como verdade.

Nesse sentido, **sentir com a razão** significa a capacidade de trazer as qualidades da razão para os sentimentos. Importo-me e considero o que sinto, mas questiono de onde esses sentimentos vêm e como estão sendo influenciados pelos meus dragões. Saio do modo simpatia e antipatia, incorporo a empatia, acoplando o pensar ao sentir. As paixões que cegam, sejam positivas ou negativas, são substituídas pelo interesse pleno e amor sereno ao próximo.

Assim como, **pensar com o coração** significa a capacidade de trazer as qualidades do coração para o pensar. O coração é o primeiro órgão a ser formado no útero; dele partem as artérias que levam o sangue e, consequentemente, o oxigênio para todo nosso corpo. Podemos dizer que é do coração que emana a vida para todas as nossas partes. O coração é o centro do ser humano; nele residem a pureza, a bondade, a empatia e o amor. Onde colocamos as mãos quando pedimos sinceras desculpas? Quando falamos de um profundo amor? Falar com o "coração aberto", por exemplo, é abrir-se para o outro, genuína e livremente. Desta forma, não permitimos que o intelecto frio e material assuma as rédeas de nossas percepções e direcione nossas ações, como no ditado popular que diz "aquele ali tem o coração frio". Imagine, então, o que acontece quando trazemos as qualidades do coração para o pensar? Uma força transformadora passa a atuar em nós, uma força altruística.

Portanto, é pensando com o coração e sentindo com a razão, mesmo sem sabermos conscientemente que isso está a acontecer, que a consciência é ampliada, ressignificando o nosso papel como indivíduos, seja na empresa, na família ou na sociedade. O olhar é estendido, traduzindo-se no entendimento e em ações práticas. Percebo que eu ganho quando o outro ganha; entendo que fazemos parte de um ecossistema complexo, em que tudo está interligado; que os seres humanos, os reinos mineral, vegetal e animal habitam o mesmo lar e precisam viver harmoniosamente; e, principalmente, entendemos que como seres racionais temos responsabilidade individual e coletiva por tudo isso.

Veja Tobias, reflita sobre o que está por trás desta fala de Albert Einstein: "Não existe nenhum caminho lógico para a descoberta das leis do Universo, o único caminho é a intuição."

Ele sabiamente nos revela que, ao nascer um pensar intuitivo, amplia-se a visão de uma maneira na qual o simples pensar intelectual não é capaz de fazer.

O pensar intelectual, analítico e científico teve um importante papel na evolução da humanidade. Contudo, por ser mecânico, conteudista, quantitativo e externo, não é mais suficiente, já que não possui as qualidades que a complexidade do mundo de hoje exige. É preciso deixar florescer um pensar criativo capaz de trazer as soluções para os desafios atuais. O pensar intuitivo que Einstein citou é capaz de trazer novas qualidades para as decisões, por ser orgânico, interno, qualitativo, artístico e processual.

A alma racional da humanidade restringiu o pensamento a uma visão limitadamente materialista. Valorizamos o que é evidente, o que se pode ver, pegar, provar intelectualmente; esse foi o palco em que vivemos até o presente momento. Dessa forma, toda a construção da era moderna foi baseada na evolução do pensamento intelectual, quando o ser humano desenvolveu a racionalidade, conquistando a cidadania e a atuação individual no mundo. Contudo, é fácil perceber que a forma como pensamos, sentimos e agimos já não está mais dando conta das necessidades e potencialidades humanas, assim como do lar no qual habitamos, o Planeta Terra. Há um culto exagerado dessa inteligência intelectual, mas esse pensar não está sabendo melhorar o mundo da forma como esperamos. Trabalhamos tanto e geramos tanta riqueza, mas por que somos incompetentes em tornar esse planeta um local digno para se viver para todos os seres humanos e demais reinos da natureza?

Adoecemos. Da mesma forma que o planeta está se mostrando doente. Ouvi de uma amiga e admirada médica que a doença é o último ato de uma cadeia de eventos que acontecem conosco. É um fenômeno que se principia na nossa vida interior. Certa vez, ela trouxe o exemplo de um copo com água e açúcar. Ao colocarmos açúcar em um copo com água, vemos que, ao misturar os ingredientes, a homogeneidade se mantém. Em um determinado momento, à medida que formos colocando mais açúcar, não é mais possível dissolver. A unidade se perde, precipitando o açúcar no fundo. Quando há desequilíbrio no interior, algo íntimo que não conseguimos absorver revela-se em doença. Neste contexto, a doença é uma oportunidade, é um aviso que há um desequilíbrio que necessita ser corrigido.

Para o próximo passo evolutivo, em um novo nível de consciência, temos a oportunidade de agregar as qualidades do coração em nosso pensar. Amor, compaixão, gratidão, empatia, solidariedade, equanimidade se unem ao processo racional para que o pensar com o coração possa emergir. Ao olharmos para o entorno e deixarmos de focar somente nós mesmos, abrimos espaço para que a intuição possa nascer. A aptidão de ver o que não está visível emerge em novas capacidades humanas que transcendem os nossos sentidos básicos. O pensar cerebral restringe a observação das situações, fenômenos e pessoas. Ele utiliza os limitados sentidos humanos, observa passivamente e constrói suas certezas. É fundamental trazer para a racionalidade humana as qualidades do coração.

Não é uma metáfora correlacionar o cérebro com o coração. A neurociência esclarece que há uma profunda conexão entre eles, através de um eixo bidirecional, um sistema neuro-cardiológico, em que um influencia o outro. Essas pesquisas científicas indicam uma relação estrutural e funcional neste eixo cérebro-coração com um fluxo intenso de informações, considerando o coração, até mesmo, como o segundo cérebro.

Desenvolver o pensar com o coração é nos capacitar para superar o egoísmo e fazer uma nova racionalidade brotar, trazendo qualidades não apenas lógicas e materiais para as nossas decisões.

É permitir o brotar de qualidades imateriais e intuitivas; é jogar luz e direção para o agir com amor.

*Quando escolhemos agir pelo amor, tudo vai se curando, inclusive nós mesmos e, assim, nos completamos como seres humanos.*

O amor é uma qualidade cósmica, e somente nele há a possibilidade de exercer a essência do papel humano em nossa existência. A vida de uma pessoa comum, sem grandes aspirações, pode ser sublime em seus pequenos atos se souber colocar amor em tudo que faz.

Ao longo do trabalho com o nosso sentir, ao nos libertarmos gradativamente dos julgamentos provenientes das simpatias, antipatias e necessidades, possibilidades enormes de desenvolver novas qualidades vão aparecendo. Assim, nosso interior vai abrindo janelas que nos capacitam a entender os fenômenos através de uma perspectiva criativa e integrada. Separar o essencial do não essencial.

Dentro de nós dorme uma alma altruísta, que está adormecida pelo egoísmo, pelo histórico materialista, pelas necessidades e instintos, ou seja, nossos dragões interiores. Somente acordando-a, abriremos espaço para que o coração possa expandir todas as suas potencialidades. Administrar o egoísmo para que o altruísmo possa emergir.

Aí sim, viveremos a liberdade plena: quando amarmos a partir da liberdade, independentemente de laços de sangue. Um amor que nasce da liberdade. O amor atuante, que cuida e assiste, que se traduz em compaixão e ação, agregado à frequente atenção aos nossos processos de pensar, sentir e querer. Essa é a base da cura no nosso tempo.

Tudo isso só é possível quando entramos em uma jornada de autoconhecimento e autodireção, exercitando o pensar sobre o pensar e melhorando nossos atos. Ao longo desse caminho, quando a força interior se estabelece, saímos do pensar unicamente racional para um pensar com o coração.

Querido Tobias, fico animado ao ver esse pensar com o coração ganhando força e nascendo em muitas iniciativas humanas nesta nossa época. As pessoas não aguentam mais relações humanas tão frágeis e injustas. O que fazer para vivermos juntos e melhor? Essa pergunta ecoa dentro nós.

O pensar sobre o pensar é relativamente recente em nossa humanidade, estamos aprendendo a exercitá-lo. Esse trabalho nos revela, aos poucos, um poderoso caminho para que cada indivíduo se aproxime da sua essência, do seu EU verdadeiro. E, assim, poderá atuar no mundo integrando as dimensões material e imaterial.

A boa notícia é que vemos novas gerações já trazendo algumas importantes qualidades em suas bagagens. É fácil perceber a tendência de apresentar comportamentos mais solidários e colaborativos, além de exigirem ética nas relações (inclusive como consumidores e funcionários), e possuírem uma necessidade de posse ressignificada.

Há várias iniciativas conectadas com essas forças do futuro atuando no Brasil e no mundo, como o consumo consciente, a economia colaborativa, a economia circular, o desenvolvimento sustentável, além de intentos da iniciativa privada, do terceiro setor e do setor público. É assim que o pensar com o coração vem abrindo caminho para a inteligência coletiva.

Participei de um debate recentemente no qual uma das participantes perguntou: "Será que estamos vivendo um vácuo de liderança mundial? Precisamos de um líder mundial que irá capitanear as mudanças?" Respondi que, no meu entendimento, não há mais espaço para salvadores da pátria, das empresas ou do planeta. É cômodo ser mandado e esperar que um líder ou uma entidade traga as soluções e a redenção. Entendo ser até perigoso, pois líderes autoritários usam essa ideia para convencer a todos que são indispensáveis, sendo eles, e somente eles, capazes de trazer a salvação. Está na hora de desmamar e encarar que somos nós, cada um de nós, que temos a oportunidade de evolução por meio de nossas próprias ações. Somos nós que precisamos superar as limitações e reverter. A força está na liderança coletiva, que se consolida por meio da atuação de cada indivíduo, cada um colocando seu tijolinho, trazendo a mudança para a sua vida e para o seu entorno, na prática. Cada individualidade, atuando fraternal e colaborativamente, reforça essa liderança coletiva e tem a oportunidade de se tornar protagonista, atuando como propulsor da mudança por meio de suas decisões em cada papel exercido, seja como consumidor, familiar, empreendedor, cidadão ou colaborador de uma empresa. Vejo um novo nível de consciência emergindo e nos fazendo perceber que eu estou em todos e todos estão em mim. Fruto da genuína liberdade atuando em nós.

*Querido Tobias, só vemos as estrelas porque em nós reside a luz...*

Com profundo amor, seu avô Estevão.

# A alegre tristeza

Ao finalizar o último capítulo, senti saudades das páginas que não existiam. Era como se meu avô emudecesse ali, para o eterno. Eu estava vivendo a sua segunda morte, fechando a capa de papel pardo grosso, com folhas escritas à mão e presas delicadamente por um sisal. *"Sua segunda morte"*, pensei. Uma tristeza me veio com uma profundeza sem fim. Cheguei a senti-lo se despedindo, com seu jeito tenro e doce. O perfume de sua loção pós-barba me veio suave no fundo daquele cenário. O velho Estevão morreu de novo, senti. Como se fosse possível ficar alegre e triste ao mesmo tempo, fiquei. Ele se fora, mas ainda estava ali. Pensei: **"A liberdade está em sermos filmes e não uma fotografia."** Quando entendo a possibilidade de acessar essa liberdade cada vez mais, há melhores níveis de compreensão sobre mim, sobre todos e tudo em minha volta. Esse era o maior presente do velho Estevão, entender-me como filme, dinâmico, hoje melhor do que o ontem e pior do que o amanhã.

— Inspire-se, mas sem essa de guru — dizia o velho. Como na música do Raul, "antes de seguir um guru, escreva seu próprio livro" — complementava o avô.

Saí do Mônica Café e fui caminhar pela praia. O andar na areia costumava alargar a mente e expandir os horizontes. No entorno, o céu azul recheado de gaivotas me deu uma incrível sensação de pertencimento. As ondinhas, que avançavam suavemente pela areia, trouxeram no gelado da água salgada um frescor para a alma. Senti-me um grão de areia diante daquela imensidão natural. O horizonte se projetava ao longe, somente interrompido pelas múltiplas tonalidades de verde pela ilha à frente. Uma poesia visual. O ar perfumado de mar que entrava profundo me preencheu de paz, e a expansão interna que tomou conta, fez-me perceber uma corajosa, porém serena, segurança. *"A liberdade interior nos traz segurança"*, refleti. Não é o que acontece fora, não importa o que seja, o que determina é o que acontece dentro. *"Pensar, sentir e querer livres"*, pensei. Caminhei até que o cansaço me chamasse para parar. Parei. Sabia que teria um intenso trajeto a percorrer.

# Cinco anos depois...

O sol de outono já havia dado lugar ao frescor do inverno, mas a temperatura na Ladeira Santa Teresa transbordava calor. A esquina estava tomada de pessoas que, naquele sábado à tarde, se espalhavam pelas calçadas sentadas em cadeiras de praia, banquetas ou no próprio meio-fio. O entorno da Mercearia do Serginho era o ponto de encontro habitual de escritores, artistas, músicos e professores, que, regados a cerveja gelada e protegidos pela sombra dos flamboyants, uniam-se entre conversas despreocupadas e papos cabeça.

A casa número 49 da ladeira, ao lado da boêmia mercearia, ainda mantinha os detalhes da arquitetura francesa que deu origem às primeiras construções do histórico e artístico bairro de Santa Tereza, surgido em 1750 no alto de uma colina. Colorida de salmão, com exóticos detalhes de fachada, pisos de madeira de lei bem conservados e uma profusão de plantas multicoloridas ao redor, aquela casa era a representação do charme que o bairro exalava. Quase ao lado, passava o tradicional bondinho que até hoje percorre as ruas do bairro e carrega memórias do ambiente que atraía moradores como Carmem Miranda, Manuel Bandeira, Pixinguinha e assíduos frequentadores de saraus, como Villa Lobos e a paulista Tarsila do Amaral.

A casa 49 me abraçou para o recomeço. Abraço de aconchego. Não eram só paredes, pisos e tetos. Uma atmosfera de paz e energia tomou-me ao visitá-la há uns dias e, naquele sábado à tarde, lá estava eu com algumas caixas e a cadeira de balanço herdada do velho Estevão a ocupar um pequeno espaço. Harmoniosamente reformada para abrigar um coworking, a antiga casa conservara sua essência bucólica e agregara modernos e agradáveis ambientes de trabalho.

Após o café, em que os planos foram feitos com o Juarez, passaram-se cinco anos de intensas atividades. Isso mesmo, dois anos que viraram cinco. Entre muitas dissimilitudes, eu e o Juarez caminhamos pelo sol quente para encontrar as parecenças. Cirurgicamente íamos, pé ante pé, vasculhando convergências para construir um caminho. Maratona. Percurso que não adiantava correr, exigia trote, ritmo continuado. Para isso, eu ia dominando os dragões e mantinha estabelecido os três intentos: a ação correta, o julgamento correto e o progresso correto.

Os anos se findaram e ao olhar para trás víamos poucos meses, suados, como se todos os dias fossem de sol escaldante, mas com alguns poucos momentos de frescor. Todavia, mesmo que transpirados, funcionava. Acordos rompidos eram repactuados, erros cometidos eram enfrentados. Nada suave, mas funcionava. "O motor da mudança", como disse a esposa. Juarez foi o motor da mudança. A cada momento era exigido de mim um recomeço, um repensar, um ajustar. Dragões sendo superados em doses homeopáticas. No final, senti uma profunda sensação de liberdade. Não pela chegada, mas pelo caminho percorrido. Na verdade, por mais que estivesse teoricamente "preso" naquele compromisso, cada superação pessoal me dava uma genuína sensação de liberdade. Nunca é alto o preço a se pagar pelo privilégio de pertencer a si mesmo. **"A liberdade caminha de mãos dadas com a consciência"**, pensei.

Preciso confessar que, sem o compromisso do Juarez seria impossível ter percorrido o trajeto. Ele também trabalhou duro, rateava e se ajustava. O brilho nos olhos para chegar nos resultados planejados não esmoreceu; essa chama o mantinha aceso, vivo e driblava suas intempestudes.

O percurso nos fez melhorar a empresa, tanto no tangível como no intangível, mas não nos possibilitou estabelecer uma amizade. Contudo, um respeito mútuo emergiu neste caminhar. Esse foi o pilar da construção. Quando tudo estava a desmoronar, o respeito segurava a relação, manteve-a firme como laje de edificação. No final da lida, sabíamos que minha saída era a melhor decisão. Mesmo que os dois soubessem que nossa relação havia sido uma grande professora, não nos víamos como sócios para todo sempre.

— Já deu. Apertemos as mãos e vamos seguir nossos caminhos — concluímos.

Os tratos do dinheiro foram conforme as conversas anteriores de guardanapo e o processo de sucessão já havia sido percorrido. Depois das assinaturas, de um período acompanhando a nova CEO e de uma festinha surpresa que a equipe promoveu, parti para as merecidas férias.

Foram trinta dias com minha esposa e o filhote. Os últimos cinco anos, mesmo sendo difíceis, promoveram uma significativa evolução na relação com a esposa. Para iniciar essa nova fase, preferimos um local sem grandes atrações. Não queríamos atividades que nos empurrassem para fora de nós mesmos. Precisávamos de um local que pudéssemos descansar, nos divertir, mas, sobretudo, que nos impulsionasse para dentro, dentro um do outro. A praia da reserva de Itamambuca foi a escolhida. Situada no litoral norte de São Paulo, possui cerca de dois quilômetros de mar, vegetação nativa, dois agradáveis riachos que deságuam em cada um dos cantos da praia e nenhuma das costumeiras estruturas turísticas que recheiam as areias de quiosques, mesas, cadeiras e uma profusão de vendedores oferecendo de queijo coalho às boias gigantes em formato de golfinho. Um local de natureza e paz, onde a conversa seria a melhor companheira. E assim foi, trinta dias de férias sem relógios. Renovados e reconectados, retornamos para casa com um banho de recomeçar.

Na escada da entrada principal da casa 49, quando eu estava a carregar uma caixa de livros bem pesada, percebi, bem abaixo nos degraus, alguns iniciando a subida com outras caixas na mão. Absorto em não cair com aquele peso, segui na direção do espaço que me reservara. Havia alugado uma saleta nos fundos da casa 49. Pequena, mas no tamanho ideal para os novos passos. O ambiente era revigorado por um bucólico janelão que se abria para um jardim repleto de árvores frutíferas e borboletas que voavam colorindo o vento como flores aladas. Havia uma estilosa estante de madeira que ocupava toda a parede lateral e um gracioso lounge com poltronas, mesa e cadeira. A cadeira de balanço, como não poderia deixar de estar, estava acomodada ao lado do janelão, como nas fotografias antigas dos avós. Acomodei a pesada caixa ao lado da estante e me surpreendi ao ver Nísia, Silva e Bruma entrando na sala com algumas das minhas caixas em mãos.

— Viemos ajudar você a carregar as coisas — disse Nísia, com um largo sorriso no rosto.

Uma gargalhada me ocupou e fortes abraços aconteceram, quase que derrubando a profusão de livros que carregavam.

— Que alegria os ver aqui. Uma surpresa! — comentei, convidando-os para serem os primeiros visitantes a sentar naquela saleta recém-arrumada.

— Estamos com saudades — disse Bruma, olhando para o Silva, que acompanhava com sorrisos e abanações de cabeça.

— Eu também, queridos. O convívio com vocês é sensacional, mesmo quando as faíscas surgiam. Nem parecia trabalho. É maravilhoso estar com vocês — confirmei o que se passava em meu coração.

— Pois é, o que está aprontando por aqui? Esse lugar é maravilhoso. É a sua cara! — perguntou a paulista.

— Queridos, na verdade não tenho nada de concreto em mente. Apenas algumas ideias, algumas ideias. Resolvi vir para um coworking porque preciso de uma rotina para ser produtivo, preciso destinar tempo para parar, refletir, planejar. Então resolvi arrumar um local que me ajudasse a criar a rotina de trabalho. Além disso, há vários tipos de profissionais e empresas trabalhando nesta casa, essa mistura é rica para abrir a cabeça — respondi ao trio que alternava os olhos em mim e no entorno.

— Tobias, queremos trabalhar com você — falou, vagarosamente, Silva.

Aquela frase me deixou estático, sem ação. O Silva era de poucas palavras, não usava as letras ao desatino. Economizava e guardava as palavras para a hora certa. Sabia o quê e quando falar. Por esse motivo, quando uma frase dessa sai de sua boca, não significa penas voando pelo ar, é tiro certeiro. Respirei fundo e me levantei deixando-os sentados em seus lugares. Rodeei pelas poltronas e parei olhando o jardim, debruçado no janelão.

— Queridos, fico muito honrado com isso, mas não posso prejudicar a empresa que agora é do Juarez. Se vocês saírem, causarão problemas lá — falei convicto de que era o certo a ser feito.

— Tobias, nós já falamos com o Juarez. Aliás, ele sabe que estamos aqui. Não queríamos que ficasse a impressão de que você saiu da empresa e está roubando funcionários. Ele sabe que a decisão é nossa, se você aceitar é claro — afirmou Nísia.

Uma pausa ocupou aquela sala. Deixei os entreolhares sorridentes dos benquistos e olhei para o jardim. Plácido, debrucei-me sobre a janela e absorvi suavemente aquela notícia que chegou de supetão. Senti uma quietude que abre os ouvidos para o que não se pode ouvir. Era como se escutasse os passos da saúva no tronco, o rastejar das minhocas na horta, a música do vento nas folhas. Preenchido de serenidade, processei o entendimento dos acordados com o dito-cujo. Pelo que havia compreendido, eles informaram a intenção de sair da empresa antes mesmo de falar comigo, de saber qual seria o meu destino.

— Nossa, estou emocionado com tamanha confiança. Vocês nem sabem das minhas ideias — pensei vagarosamente alto, o suficiente para que me ouvissem.

— Tobias, temos a certeza de que qualquer coisa que fizermos juntos dará certo. Já deu uma vez, e agora com o aprendizado que tivemos será bem mais fácil — respondeu Bruma.

Respirei fundo e lentamente iniciei um movimento.

— Está certo, seria ótimo irmos juntos novamente — assenti. Na verdade, eu tenho uma ideia que em nada conflita com a empresa anterior de calçados, mas que faz parte do mesmo mercado: uma marca de moda praia sustentável — revelei o impulso que se formou em mim ao longo dos revigorantes dias de férias que havia gozado.

Os três se levantaram e me entregaram um embrulho de presente. Ao abri-lo, deparei-me com duas raquetes artisticamente decoradas e uma bola de frescobol. *"Sincronicidade"*, pensei. Aquele nome, frescobol, é derivado do lugar onde se joga, ou seja, na beira d'água, o lugar mais fresco da praia, mas aquele presente representava não somente o ambiente praiano e o novo mercado de atuação, mas um valor primordial vivido pelos quatro: a colaboração. O esporte, que nasceu na década de 1940, nas areias de Copacabana, possui como principal característica o fato de não haver vencedor ou perdedor, é um esporte no qual os jogadores atuam como parceiros e jogam com o mesmo objetivo. Todos ganham e se divertem com o frescobol.

Foi assim que se descortinou a pedra fundamental daquele novo negócio: a colaboração. Clientes, fornecedores, funcionários, sócios e a sociedade, todos em um jogo de ganha-ganha. Novos tempos chegaram e os desafios contemporâneos são enormes, pois sem colaboração não há como lidar com a complexidade. A natureza nos demonstra isso.

# A herança

Após alguns dias de chuva e razoável frio, o sol apareceu naquela manhã de segunda-feira. Os anos haviam se passado e a empresa saiu da salinha na casa 49 para ocupar toda a casa 63, na mesma bucólica e boêmia rua de Santa Tereza. Além de muitas pessoas trabalhando ali, havia um quintal, uma produtiva horta, árvores frutíferas e borboletas que coloriam o ar.

João Francisco, apesar de nunca ter trabalhado lá, tinha o costume de visitar a casa e conversar com as pessoas. Mas naquele dia havia algo de diferente no rapaz. Chegara cedo e aguardava sozinho, recostado no abacateiro. Estava mais arrumado do que de costume. Vaidoso, andava sempre preparado no ajeitamento, mas, naquele dia, estava mais arrumado do que de costume. Seu corpo revelava uma intensa vitalidade, o calor de seus 21 anos. Sua pele reluzia de vigor, mas havia uma leve expressão de tensão em sua face.

Ao passar pelo jardim, soltei um amoroso sorriso em sua direção, em forma de convite para que me acompanhasse. Sentamos em dois sofás coloridos que preenchiam uma pequena, mas agradável sala de reunião. A capa de papel pardo de O Livro da Liberdade contrastava com a superfície transparente da mesinha de centro que compunha o ambiente.

Peguei carinhosamente o livro em minhas mãos, enquanto seu olhar curioso e atento buscava entender o que acontecia ali. A testa franzida revelava um certo desconforto diante daquela situação.

Cruzei as pernas confortavelmente e comecei a contar a história desde a entrada naquele escritório do amado avô Estevão. Compartilhei os momentos de ansiedade e desânimo passados na antiga empresa, as dores e incertezas que vivenciei, as janelas que se abriram para mim. Revelei as conversas que tive com meu avô através das páginas daquele livro.

— Era como se meu avô estivesse ali, João Francisco. Em carne e osso, entende? — acrescentava.

Toda a revelação me preencheu de uma grandiosa alegria e profunda emoção. Seu rosto ia mudando de expressão a cada fato revelado. Percebi que João Francisco captava tudo que estava ali. Não apenas o que era falado, mas também o que não fora dito. Uma egrégora foi formada em torno de nós. Dava para sentir o pulsar de uma profunda conexão. No final da temática, olhei profundamente em seus olhos...

— Essa é toda a história do impulso gerador desta empresa, fundada com três grandes amigos e sócios. Para você, meu amado filho, que começará a trabalhar aqui a partir de hoje, dou-lhe este livro. Não considere um presente, mas uma herança; algo que precisará ser honrado como legado imaterial da nossa família — pontuei.

— Fizemos toda essa viagem juntos, com as mãos nestas páginas de papel pardo presas com sisal, porque assim como seu bisavô é matéria-prima de quem eu sou, gostaria que fosse sua também. Inspire-se, mas, sobretudo, entenda que não existem fórmulas prontas e nem mágicos gurus. Jamais abra mão de questionar, cometer seus próprios erros, construir seu caminho, exercitar sua própria individualidade. É impossível aprender a nadar sem cair na água; o risco faz parte da aventura que é viver. Por isso, tome a herança que lhe pertence, uma bússola para a caminhada que se inicia: **O Livro da Liberdade**.

"Somos assim: sonhamos o voo, mas temermos a altura.

Para voar é preciso ter coragem para enfrentar o terror do vazio.

Porque é só no vazio que o voo acontece.

O vazio é o espaço da liberdade, a ausência de certezas.

Mas isso é o que tememos: o não ter certezas.

Por isso, trocamos o voo por gaiolas.

As gaiolas são o lugar onde as certezas moram."

Dostoiévski

∞

*A liberdade caminha de mãos dadas com a consciência.*

∞

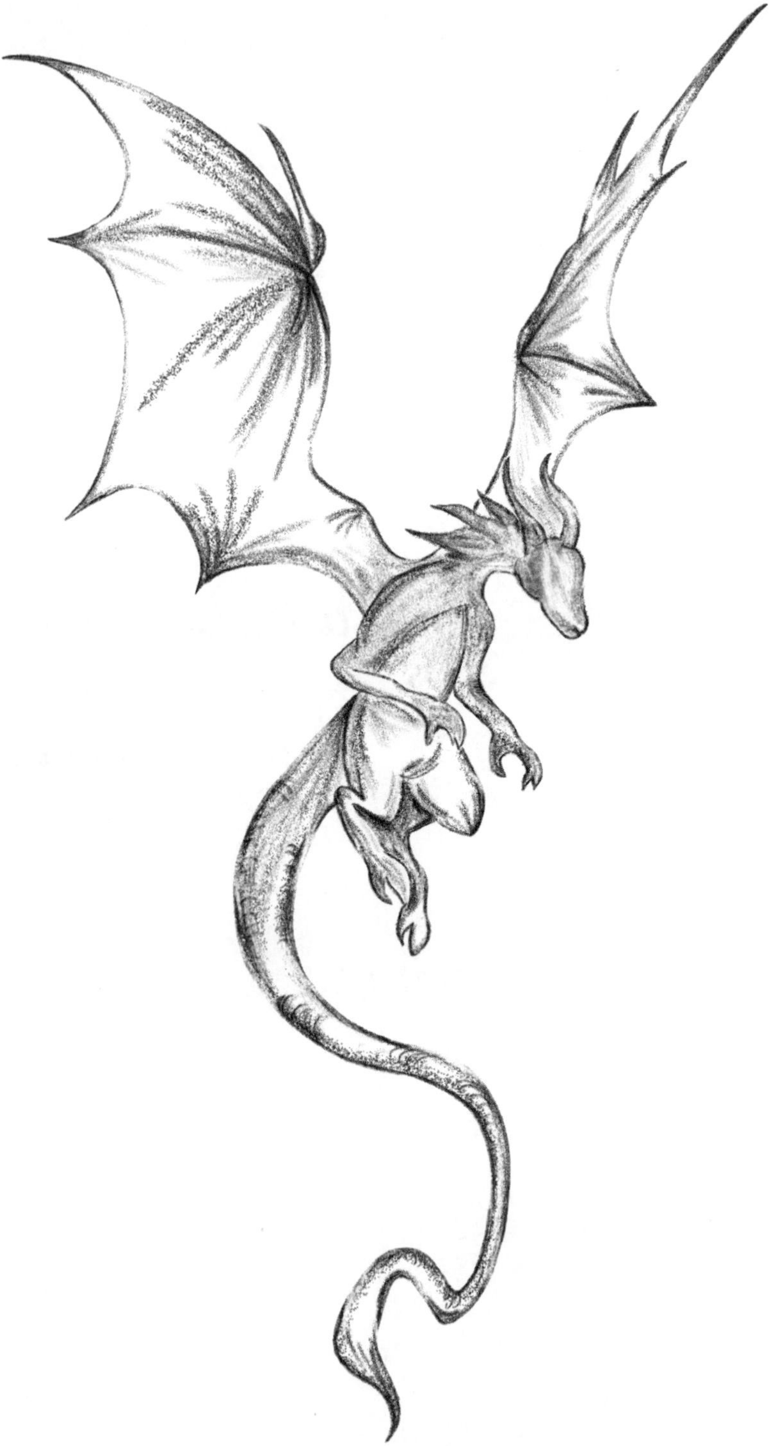

# A origem deste impulso e agradecimentos

No auge da minha carreira de consultor e facilitador, percebi que estava fazendo mais de 50 workshops por ano em empresas e instituições de tudo quanto é tipo. Mesmo me sentindo pleno em meu caminho de aprendizado e em apoiar transformações em indivíduos, grupos e organizações, duas questões emergiam em mim de forma muito intensa:

"Como levar para o mundo um pouco de tudo isso que vivencio em meu dia a dia?"

"Se eu morrer hoje, como poderei apoiar meu filho, ainda adolescente, em sua jornada de vida?"

A resposta para essas perguntas está em suas mãos. Uma história de vida, de acertos, erros e, principalmente, de aprendizados. Caminhos de desenvolvimento individual e coletivo, que reforçam a liberdade como palco essencial para a existência humana.

Qualquer iniciativa que objetiva desvendar o mundo tem que ser afirmada pelas pessoas que estão à procura. **O Livro da Liberdade** intenciona essa conexão, mas não possui a expectativa de conter verdades absolutas. Caso queira questionar ou sugerir, mande-me um e-mail ou mensagem nas redes sociais. Ficarei grato em ouvi-lo e aprender com você.

Foram dois anos escrevendo, reescrevendo e achando que ainda não estava bom. A decisão de lançar veio quando Daniel Burkhard, fundador da ADIGO e sol que ilumina longe, me perguntou o que eu estava esperando para fazê-lo.

— Coloque no mundo, se ajudar uma só pessoa ou organização que seja, já terá valido a pena — concluiu ele.

E, assim, o impulso tomou asas. Agora, não é mais meu.

Confesso que em meu primeiro livro, criado há uns bons anos, o processo foi bem simples e rápido. Cansado de ouvir a expressão "cabelo ruim" em trabalhos sociais e em grupos de pesquisa com consumidoras, incorporei a menina Maria Filó, escrevi e lancei o livro infantil *Cabelo bom é o quê?* em apenas dois meses. Fiquei surpreso com a aceitação e, até hoje, meu coração se enche de alegria quando recebo o contato de educadoras em escolas usuárias do livrinho em suas atividades pedagógicas. Agora, com **O Livro da**

**Liberdade**, foi tudo muito diferente. O senso crítico de externalizar o que vivia em mim foi muito intenso.

Portanto, agradeço aos queridos e queridas que me ajudaram a trazer para a vida prática esta experiência: Ricardo Nakid, Lia Faria, Maria Helena Sobral, Jair Moggi, Odervan Santiago, Flavio Cordeiro, Marcelo Cavalheiro, Silvana Hion, Rui Marra, Marcelo Arruda, Lourdes Lucatte e minha amada irmã Daniela Medeiros. Sou grato, também, aos meus sócios na ADIGO com quem aprendo a cada dia, e a todos que fizeram parte da minha biografia. Somos a soma de todas as relações que vivemos.

Agradeço aos meus antepassados, à família e à luz que emana de meu filho João Francisco e de minha enteada Maju.

Minha eterna gratidão à minha esposa Malu Nakid, cujo sorriso é capaz de abraçar.

Sucesso e Luz.

@rodrigogoecks

rodrigogoecks@icloud.com

*"Lokah
samasta
sukhino
bhavantu
om shanti, shanti"*

*"Que todos os seres sejam felizes e livres, e que meus pensamentos e atos contribuam de alguma forma para a felicidade e liberdade de todos os seres"*

*Mantra hindu*

# Índice

**A**

ação correta, 131
Albert Einstein, 176
alma racional, 177
ambientes digitais, 155
amor, 179
  nasce da liberdade, 180
antipatia, dragão da, 111–136
antropocentrismo, 81
antroposofia, xii
Apple, 152
Aristóteles, 1
ausência de autonomia, 22
autoconhecimento,
  jornada de, 180
autodescoberta, processo de, 51
autodesenvolvimento, processo
  de, 49, 51

autodireção, 22, 48
  jornada de, 180
autoimportância, 34
  necessidade de, 32

**B**

burnout, 53

**C**

calma interior, 49, 51
capacidade de pensar, 22
coisificação feminina, 74–75
colaboração, 190
como inovar?, 73
compaixão, 135
comunicação espiritual, 51
confiança, conquistar, 20
conflitos, 161

consumismo, 53
consumo consciente, 181
controle de tudo, 73
controle, dragão, 72–88
coração, 175
   pensar com o, 175
crenças
   dragão das, 67–88
   nosso pensar, 121

**D**

desenvolvimento sustentável, 181
desequilíbrio
   imaterial, 64
   no interior, 178
   vida em, 53
diálogo, 89
dimensão do sentir, 117
dimensões arquetípicas, 112
   equilíbrio, 121
   pensar, 120
   querer, 120
   sentir, 120
doença, 178
dragão
   chinês, 9

confiança, conquistar, 20
controle, 72–88
   da inércia, 137–150, 154
   das crenças, padrões e hábitos, 67–88
   da simpatia e da antipatia, 111–136
   das respostas, 89
   da tecnologia, 151–170
   da vida exterior, 45–66
   de São Jorge, 9
   do ego, 29–44
   exterior, 153
   Miguel, dragoeiro, 2–3
   mito, 9

**E**

economia colaborativa, 181
ego, 32, 34, 142
   dragão do, 29–44
   grande vilão, 34
   impulsos do, 47
   propósito do, 47
egoísmo, 174
   administrar, 179
   superar o, 178
emoções apetitivas e aversivas, 118

empatia, 123
equilíbrio dinâmico, 56
esotérica, vida, 53
esotérico, 49
evolução de consciência, 74
excesso de iniciativa, 114
exotérica, vida, 52
exotérico, 49
experiência interior, 50

## F
feedback 360 graus, 40
Ford T, 151
Francis Bacon, 75
fraternidade, 174

## H
hábitos
   dragão dos, 67–88
   nosso querer, 121
Harry Potter, 10

## I
indivíduo, identidade, 46
indústria da distração, 154
inércia
   natural, 139

o dragão da, 137–150
insight, 51
intelecto, 175
inteligência
   artificial, 153–155
   coletiva, 181
   emocional, 124
interior, desequilíbrio no, 178
introspecção, momentos de, 50–51
iPhone, 152

## J
julgamento, 121
   consciente, 123
   correto, 131
   simpatia e antipatia, 121

## K
kunugi, árvore, 68–69

## L
lemniscata, 52, 62
liberdade, 17–28
   amor que nasce da, 180
   autodesenvolvimento para a, 22
   busca pela, 21
   caminho para a, 123

chave para a, 24
conquista da, 76
falsa percepção de, 30
interior, conquista da, 43
onde nasce, 22
plena, 180
sentimento de, xi
ser livre, 42
livre, ser, 42

## M

Mahatma Gandhi, 21
maiêutica, 94
materialismo, 53
medo, 144
metaverso, 153
Miguel, dragoeiro, 2–3
modismo, 139
momentos de introspecção, 50–51
mudança, 138, 141–142
  propulsor da, 181
  resistência à, 144

## N

Nelson Mandela, 21

## O

o Mágico de Oz, 128
os cegos e o elefante, parábola, 31

## P

padrões
  dragão dos, 67–88
  nosso pensar, 121
pandemia da Covid-19, 24
penicilina, 151
pensar, 120
  ancorado no passado, 119
  automatizado, 153
  capacidade de, 22
  chave para a liberdade, 24
  com o coração, 171–196
  contaminado pelas simpatias e antipatias, 122
  ego cega o, 35
  forças de transformação, 119
  influencia decisões, 30
  investigativo, 22
  lúcido, 33
  pessoas que vivem no, 113
  processo consciente de, 122
  resistência no nível do, 141
  sistema neurossensorial, 118

  sobre o pensar, 180
pergunta, 93–95
pessoas engessadas, 21
problemas psicológicos, 53
processo de transformação, 46
progresso correto, 132
Proteus, deus mitológico, 95

## Q
querer, resistência no nível do, 143

## R
razão
  sentir com a, 174–176
  versus intelecto, 174–175
resistência, 140
  zero, 141
respostas, 93
ressignificar, 42, 176
ritmo consciente, 49

## S
sentido da existência, 46
sentir
  com a razão, 171–196
  entender o sentimento, 122
  necessidades, 121
  resistência no nível do, 142
  simpatia ou antipatia, 121
ser
  da organização, 63
  força do, 62
  livre, 76
simpatia, dragão da, 111–136
sistema neurossensorial, 118
Sócrates, 94
sonhos, 23

## T
tecnologias
  ambientes digitais, 155
  dragão exterior, 153
  indústria da distração, 154
  novas, 152–154
  o dragão das, 151–170
ter e o ser, 62
  dimensões do, 62–63
Tim Lee, 152
tomada de consciência, 76

## V
vazio interior, 53
vida
  em desequilíbrio, 53

esotérica, 53
exotérica, 52, 54
exterior, 50
   o dragão da, 45–66

## W
walkman, 152
Woody Allen, 92
World Wide Web, 152

## X
Xerox, 152

## Y
Yuri Gagarin, 151

## Projetos corporativos e edições personalizadas
dentro da sua estratégia de negócio. Já pensou nisso?

**Coordenação de Eventos**
Viviane Paiva
viviane@altabooks.com.br

**Contato Comercial**
vendas.corporativas@altabooks.com.br

A Alta Books tem criado experiências incríveis no meio corporativo. Com a crescente implementação da educação corporativa nas empresas, o livro entra como uma importante fonte de conhecimento. Com atendimento personalizado, conseguimos identificar as principais necessidades, e criar uma seleção de livros que podem ser utilizados de diversas maneiras, como por exemplo, para fortalecer relacionamento com suas equipes/ seus clientes. Você já utilizou o livro para alguma ação estratégica na sua empresa?

Entre em contato com nosso time para entender melhor as possibilidades de personalização e incentivo ao desenvolvimento pessoal e profissional.

## PUBLIQUE SEU LIVRO

Publique seu livro com a Alta Books. Para mais informações envie um e-mail para: autoria@altabooks.com.br

/altabooks   /alta-books   /altabooks   /altabooks

## CONHEÇA OUTROS LIVROS DA ALTA BOOKS

Todas as imagens são meramente ilustrativas.

ALTA BOOKS EDITORA   ALTA LIFE EDITORA   ALTA NOVEL   ALTA/CULT EDITORA

FARIA E SILVA EDITORA   Editora ALAÚDE   TORDESILHAS   ALTA GEEK

Este livro foi impresso nas oficinas gráficas da Editora Vozes Ltda.,
Rua Frei Luís, 100 – Petrópolis, RJ.